AN ESSAY ON
Herbert
LIBERATION
Marcuse
해방론

헤르베르트 마르쿠제 지음 · 김택 옮김

울력

해방론

지은이 | 헤르베르트 마르쿠제

옮긴이 | 김택

펴낸이 | 강동호

펴낸곳 | 도서출판 울력

1판 1쇄 | 2004년 2월 5일

등록번호 | 제10-1949호(2000. 4. 10)

주소 | 152-894 서울시 구로구 오류1동 63-11

전화 | (02) 2614-4054

FAX | (02) 2614-4055

E-mail | ulyuck@hanafos.com

값 | 8,500원

ISBN | 89-89485-26-6 03160

· 잘못된 책은 바꾸어 드립니다.

· 옮긴이와 협의하여 인지는 생략합니다

감사의 말

원고를 읽고 이후에 내가 항상 염두에 두어야 했던 논평과 비판을 해준 친구들에게 다시 감사를 표한다. 특히 레오 로웬탈(버클리의 캘리포니아 대학), 아르노 J. 마이어(프린스턴 대학), 그리고 배링턴 무어 주니어(하버드 대학)에게 감사한다. 나의 아내는 이 원고의 각 장과 문제에 대해 토론해 주었다. 그녀와의 공동 작업이 아니었다면 이 책은 훨씬 빨리 출간될 수 있었을 것이다. 그렇게 되지 않은 것에 대해 그녀에게 감사한다.

차례

일러두기

1. 이 책은 *An Essay on Liberation* (Beacon Press, 1969)을 완역하였다.

2. 이 책에서는 원서의 이탤릭체를 중고딕체로 표시하였다.

3. 이 책에서는 원서의 각주를 각 장 끝부분에 모아 편집하였다. 그리고 옮긴이의 주는 본문 중에 (— 옮긴이)로 처리하였다.

4. 본문에서 책과 신문, 잡지 등은 『 』로 표시하였고, 논문과 기사는 「 」로 표시하였다. 그리고 음악 작품 등은 〈 〉로 표시하였다. 그리고 원어 그대로 표기할 때는, 책과 신문, 잡지 등은 이탤릭체로, 논문과 기사는 " "로 표시하였다.

머리말

기업corporate 자본주의의 세계 지배에 대한 점증하는 저항은 그 지배를 지탱하는 힘과 대결하게 된다. 즉 네 개 대륙을 장악하고 있는 경제와 군사, 신식민지적 제국, 그리고 가장 중요하게는 기층민들을 압도적인 생산력과 무력 하에 두는 부동의 능력이 그 힘이다. 이 세계적인 힘은 사회주의 진영을 수세에 처하게 만든다. 즉 군사적인 측면에서의 지출만이 아니라 억압적인 관료 제도를 영속시킨다는 점에서도 과도한 비용을 지불하게 만든다. 그리하여 사회주의의 발전은 최초의 목적에서 지속적으로 벗어나고, 서구와의 경쟁적 공존은 미국적 삶의 기준이 모델이 되는 가치와 열망을 생성시킨다.

그러나 지금 이 위협적인 동질화는 느슨해지고 있다. 그리고 하나의 대안이 이 억압의 지속을 깨뜨리기 시작했다. 이 대안은 사회주의로의 길과 그리 다른 것이 아니다. 다양한 목적과 가치가 등장하고 있다는 점에서, 즉 기업 자본주의가 안락하고 자유로운 형태로 현실화되는 상황에서조차 그것의 집단적인 착취력에 저항과 부정을 수행하는 남성과 여성의 다양한 열망이 등장하고 있다는 점에서 말이다. 위대한 거부는 형태의 다양함을 가진다.

베트남, 쿠바, 중국에서 혁명은 방어되고 있고 사회주의의 관료주의적인 행정을 비켜가는 투쟁을 수행하고 있다. 동일한 전복의 추진력이 라틴 아메리카의 게릴라 세력에 생기를 부여한 것으로 보인다. 즉 해방의 추진력 말이다. 동시에 기업 자본주의의 난공불락의 경제적 요새로 보이는 것들에 피로가 누적되었다는 표시가 나타나고 있다. 미국에서조차 대포, 버터, 네이팜탄, 그리고 컬러 텔레비전 같은 기업 자본주의의 상품들을 무한정 팔아 넘길 수는 없다. 빈민가 주민들의 저항(비록 혁명은 아닐지라도)은 그 첫번째 대중적 기반이 될 것이다. 낡은 사회주의 국가뿐 아니라 자본주의 국가에도 널리 퍼져 있는 학생들의 저항은 프랑스에서 처음으로 체제의 총무장력에 도전하여 짧은 순간이나마 적흑기(아나르코 생디칼리즘의 깃발 — 옮긴이)가 가진 해방의 힘을 재탈환하였다. 더욱이 이것은 그 기반이 확장될 수 있다는 전망들을 보여 주었다. 저항의 일시적인 진압은 이 같은 경향을 역전시키지 못할 것이다.

이러한 세력 중 어느 것도 대안은 아니다. 하지만 그것들은 매우 다양한 차원에서 기존 사회들과 그 봉쇄력의 한계가 어디까지인지를 말해 준다. 이 같은 한계에 도달하면 기존 사회는 새로운 전체주의적 억압의 질서를 개시할 것이다. 그러나 그 한계 너머에, 현재의 그것과는 다른, 물질적이고 정신적인 자유의 왕국을 세우려는 공간 역시 존재한다. 착취의 질서로부터의 해방, 즉 자유로운 사회의 구성에 선행해야 하는 해방은 과거와 현재 사이의 역사적 단절을 필요로 한다.

이러한 힘들이 가져다주는 현재적인 변화를 과대평가하는 것은 무책임한 일이 될 것이다(오히려 이 글은 그것의 장애와 "지연"을 강조하고자 한다). 그러나 거기에 사실들은 남는다. 상징만으로 그치는 것이 아닌 희망의 실현으로서의 사실들 말이다. 사실들은 비판적 사회 이론으로 하여금, 현존하는 사회와 질적으로 다른 사회주의 사회가 등장할 전망을 재검토하는 과제에 직면하게 만든다. 즉 사회주의와 그 전제 조건을 재규정하는 과제가 그것이다.

다음의 장들에서 나는 『에로스와 문명』과 『일차원적 인간』에서 제기하였고 「억압적 관용」에서 좀더 토론되었으며, 최근 몇 년간 미국과 유럽의 대학생 청중을 대상으로 한 강연에서 표명되었던 몇몇 생각들을 개진해 보고자 한다. 이 글은 1968년 프랑스에서 일어난 5월과 6월의 사건 이전에 쓰여진 것이다. 그사이 고증을 위해 각주 몇 개를 덧붙인 것 이

외에는 바뀐 것이 없다. 이 글에서 제기된 몇몇 생각들과, 젊은 투사들에 의해 공식화된 생각들 사이의 일치는 나를 매우 놀라게 했다. 그들의 요구가 지닌 급진적인 유토피아의 성격은 이 글의 전제前提를 훨씬 뛰어넘는다. 더욱이 그들의 요구는 행동 자체의 과정을 통해 발전되고 공식화되었다. 그것은 구체적인 정치적 실천의 표현이었다. 투사들은 타락한 이데올로기로서의 "유토피아" 개념을 비난하고 무효화했다. 그들의 행동이 저항이든 유산된 혁명이든 그것은 하나의 전환점이다. "영구적인 이의 제기"(*la contestation permanente*), "영구적인 교육," 그리고 위대한 거부를 선언하면서 그들은 사회 억압의 징표들을 인지했다. 전통 문화의 가장 숭고한 표명에서조차, 기술적 진보의 가장 장대한 표명에서조차 말이다. 그들은 다시 한번 유령을 불러냈다(이번에 유령은 부르주아지에게만이 아니라 관료적인 착취에도 모습을 드러냈다). 혁명의 유령은 생산력의 발전과 높은 삶의 기준을 인류를 위한 연대 창출, 모든 민족적 경계와 이윤의 영역을 초월해 존재하는 가난과 불행의 폐지, 그리고 평화의 달성이라는 요구에 종속시켰다. 한마디로 그들은 억압의 지속으로부터 혁명이라는 관념을 끄집어내어 진정한 차원, 즉 해방의 차원에 위치시켰던 것이다.

젊은 투사들은 자신의 삶에 있어, 곧 정치가, 경영자, 장군들의 손에서 장난감 구실을 하고 있는 인간의 삶에 있어 무엇이 시급한 문제인지를 알고 느낀다. 이들 저항자들은 삶을 그 손으로부터 끄집어내어 살 만한 가치가 있는 것으로 만들기를 원한다. 그들은 이것이 오늘날에도 여전히 가능하다는 점을 이해하고 있으며 이 같은 목표의 달성이, 자유로운 오웰주의 세계Free Orwellian World에서의 사이비 민주주의의 규범과 규칙이 함유하는 투쟁을 더 이상 필요로 하지 않는다는 점도 이해하고 있다. 그들에게 나는 이 글을 헌정하고자 한다.

서론

유토피아적인 사변이라고 의당 불릴 수 있는 것을 삼가는 태도는, 지금까지 비판적 사회 이론(특히 마르크스주의 이론)의 주요한 교의의 하나였다. 사회 이론은 현존하는 사회를 그 자체의 기능과 역량에 입각해 분석하여, 현존하는 사태를 넘어서는 논증 가능한 경향들(그러한 것들이 존재한다면)에 일치시키는 것으로 보인다. 또한 유력한 조건과 제도에 대한 논리적인 추론을 통해 비판 이론은 보다 높은 발전 단계로의 이행에 필요한 기초적인 제도의 조건을 결정할 수 있을 것으로 보인다. 여기서 "보다 높은"이란, 자원의 보다 합리적이고 적절한 사용, 파괴적인 분쟁의 최소화, 그리고 자유의 영역의 확대라는 의미를 갖는다. 그러나 비판 이론은 과학적 성격을 상실할지도 모른다는 두려움 때문에 이 같은 구획 너머로의 모험을 감행하지 않으려 한다.

나는 이러한 제한적인 개념은 수정되어야만 한다고 생각한다. 또한 현대 사회의 실제적인 발전은 그러한 수정을 암시하고 있으며 심지어 필요로 한다고 생각한다. 현대 사회의 생산성의 동력학은 "유토피아"로부터 그것이 전통적으로 가지고 있던 비현실적인 내용을 박탈했다. 즉 "유토피아"라고 거부된 것은 더 이상 "설자리가 없고," 역사의 영역에서 자기 자리를 가질 수 없는 것이라기보다는 기존 사회의 권력에 의해 그 발생이 차단되고 있는 것이다.

유토피아의 가능성은 선진 자본주의와 사회주의의 기술과 테크놀러지의 힘에 내재되어 있다. 세계적인 범위에서 이 힘이 합리적으로 사용되면 가난과 기근은 예측할 수 있는 가까운 미래에 없어질 것이다. 그러나 지금 우리는 "직접 생산자"(노동자)가 그것을 합리적으로 사용하거나 — 결정적인 사실로는 — 집단적으로 통제한다고 해서 지배와 착취가 없어지지 않는다는 것을 알고 있다. 관료주의적인 복지 국가는 여전히 억압의 상태이며, 그와 같은 상태는 각자가 "욕구에 따라" 취하는 "사회주의의 제2단계"에서도 지속될 수 있다.

지금 시급한 문제는 욕구 자체가 무엇인가라는 점이다. 여기에서 문제는 어떻게 개인이 타자를 해치지 않고 자신의 욕구를 충족시키는가가 아니다. 오히려 문제는 어떻게 자신을 해치지 않고, 또한 열망과 만족에 대한 욕구를 충족시켜 주는 동시에 예속을 영속시키는 착취 기구에 대한 의존을 재

생산하지 않고 자신의 욕구를 충족시키는가이다. 새로운 사
회의 출현은, 복리의 성장이 본질적으로 새로운 삶의 질로
변환된다는 사실을 특징으로 할 것이다. 이 질적인 변화는
욕구 내부에서 일어나야 한다. 즉 인간의 하부 구조에서 말
이다(이 자체가 사회의 하부 구조의 한 차원이다). 새로운 방
향, 새로운 제도와 생산 관계는 착취 사회에서 우위를 점하
고 있는 욕구나 만족과는 매우 다른, 심지어는 그것에 적대
적인 욕구와 만족이 커져 간다는 것을 말해 준다. 이러한 변
화는 계급 사회의 긴 역사를 통해 차단되어 왔던 자유의 본
능적인 기초를 구성하게 될 것이다. 자유는 지배 아래에서
복리에 필요한 경쟁적 행위에 더 이상 순응할 수 없으며, 또
기존의 생활 방식이 지닌 공격성과 잔인성 그리고 추함을 참
을 수 없는 유기체organism의 환경이 될 것이다. 그때 저항
은 바로 개인의 "생물학"이라는 본성에 뿌리를 두고 있을 것
이다. 그리고 이제 이런 새로운 기반 위에서 저항자들은 해
방의 구체적인 목적들만이 결정되어 있는 정치적 투쟁의 대
상과 전략을 재정의할 수 있을 것이다.

그러한 인간 "본성"의 변화는 고려할 수 있는 것인가? 나
는 그렇다고 생각한다. 왜냐하면 기술적 발전은, 사회적 생
존과 발전을 위한 치졸한 경쟁이 현실적으로 더 이상 필요하
지 않은 단계에 이미 도달했기 때문이다. 착취의 틀 안에서
일어나는 지속적인 제한과 남용 때문에 기술이 지닌 역량은
그 틀을 깨고 나오게 된다. 그럴수록 기술이 지닌 역량은, 삶

의 불가피성으로 인해 "살기 위해 버는" 공격적인 행위를 요구하는 것을 중단하고 "불필요한 것"이 중대한 요구가 되는 지점으로 인간의 추동drive과 열망을 몰아간다. 마르크스주의에서 중심적인 이 명제는 충분히 친근한 것이며 기업 자본주의의 경영자와 광고 담당자publicist들 역시 그 의미를 잘 알고 있다. 따라서 그들은 그 위험한 결과를 "흡수"하기 위해 준비한다. 급진적인 저항 세력 역시 이와 같은 전망들에 대해 충분히 깨닫고 있지만 정치적 실천을 인도해야 할 비판 이론은 여전히 뒤쳐져 있다. 마르크스와 엥겔스는 자유의 가능한 형태에 대한 구체적인 개념을 발전시키기를 삼갔다. 오늘날 그 같은 삼감은 더 이상 옳지 않은 것으로 보인다. 생산력의 성장은 매우 다른 종류의 인간 자유가 가능하다는 것을 암시해 준다. 그리고 그것은 이전 시기에 상상하던 것을 넘어선다. 더욱이 그것이 실제적으로 가능하다는 점은, 현존 사회를 자유로운 사회와 갈라놓는 틈이, 억압적인 권력과 현존 사회의 생산성이 인간과 그 환경을, 각각 자체의 이미지와 이해에 따라 모양 짓는 정도만큼 정확히 점점 넓고 깊어지리라는 것을 암시해 준다.

인간의 자유로운 세계는 기존 사회에 의해 세워질 수 없다. 기존 사회는 자신의 지배를 능률화하고 합리화할 뿐이다. 계급과 계급 구조를 유지하는 데 요구되는 완벽한 통제는, 욕구와 만족 그리고 인간 존재의 예속을 재생산하는 가치를 만들어 낸다. 호의적인 고용주들을 정당화시켜 주는 이 같은

"자발적인" 예속(그것을 개인들이 무의식적으로 받아들이는 한에서의 자발성)은 인간의 하부 구조에 있어 억압과 만족의 뿌리를 드러내는 정치적 실천을 통해서만 깨어질 수 있다. 이 기존 질서에 대한 방법론적인 이탈이자 거부의 정치적 실천은 가치의 급진적인 재평가를 목적으로 한다. 그러한 실천은 친근한 것과의, 즉 사물들을 보고 듣고 느끼고 이해하는 틀에 박힌 방식과의 단절을 함축한다. 그럼으로써 유기체는 비공격적이고 비착취적인 세계의 잠재적인 형태에 수용될 수 있을 것이다.

저항이 이 같은 구상들과 얼마나 차이가 나는가, 저항이 얼마나 파괴적인 동시에 자기 파괴적인 형태로 나타나는가, 대도시 중간 계급의 저항과 지구상에서 벌어지는 비참한 자들의 생사를 건 투쟁 간의 차이가 얼마나 큰가에 상관없이 그들에게 공통된 것은 거부의 깊이이다. 거부는 그들을 상대로 장난을 치는 게임의 법칙들을 뿌리친다. 즉 인내와 설득의 해묵은 전략, 기존 질서가 지닌 선한 의지에 대한 의존, 그리고 그것의 잘못되고 부도덕한 위안, 또한 그것의 잔인한 풍요를 말이다.

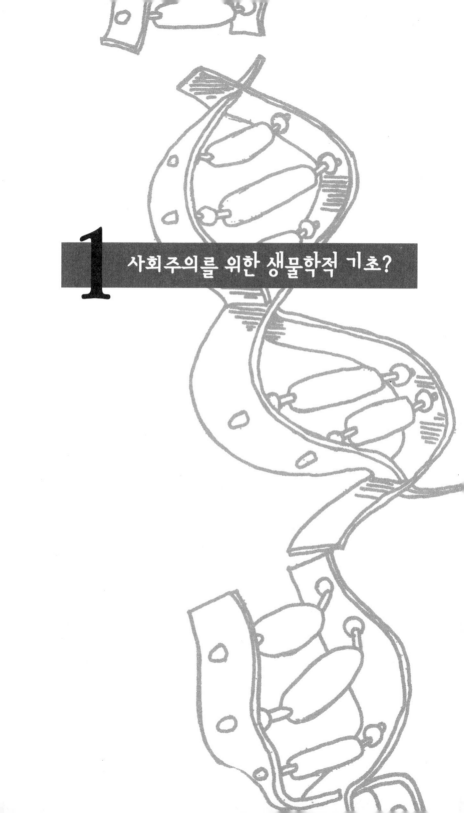

1

사회주의를 위한 생물학적 기초?

풍요 사회에서 자본주의는 자기 자신에 다다른다. 자본주의 동력학의 두 가지 주요 동기인 상품 생산의 증가와 생산의 착취는, 사적이고 공적인 현존재의 모든 차원과 결합하고 또 그것에 스며든다. 이용 가능한 물질적·지적 자원들(해방의 잠재력)은 기존 제도를 너무나 추월했기 때문에 낭비, 파괴 그리고 관리의 체계적인 증가만이 체제를 돌아가게 해준다. 경찰과 법정 그리고 의원들의 억압을 피해 저항 세력과 민중 스스로가, 젊은이와 지식인 사이에 확산되어 있는 저항 그리고 박해받는 소수자들이 수행하는 일상의 투쟁에 모습을 드러낸다. 무장 계급 투쟁은 그 외부에서 행해진다. 풍요의 괴물과 싸우는 지구상의 비참한 자들에 의해서 말이다.

이 사회에 대한 비판적 분석은 새로운 범주들을 요구하는데, 도덕적인 것, 정치적인 것, 그리고 미학적인 것이 그것이다. 논의의 과정에서 나는 그것들을 개진해 보고자 한다. 외설의 범주는 그것의 서문 구실을 하게 될 것이다.

이 사회는 숨막힐 정도로 많은 상품들을 생산하여 음란하게 내보이면서도 그 희생자들로부터는 생활의 필수품마저 대대적으로 빼앗는다는 점에서 외설적이다. 이 사회는 그 호전적인 영역에서는 모자라는 식량에 독을 넣고 불을 지르면서 그 자신과 자신의 쓰레기통은 꽉꽉 채워 넣는다는 점에서 외설적이다. 이 사회의 정치가들과 연예인들의 말과 웃음, 이 사회의 기도하는 자들, 이 사회의 무지, 그리고 이 사회에 기생하는 지식인들의 지혜도 외설적이다.

외설이란 기존 사회의 어휘에 속하는 도덕적 개념이다. 기존 사회는 고유한 도덕성의 표현이 아닌 다른 어떤 것에 이 말을 적용하면서 뜻을 오용한다. 실제로는 음모를 드러낸 채 발가벗고 있는 여자의 사진이 외설적인 것이 아니라 겹겹이 껴입은 제복 위에 전쟁을 통해 수여받은 훈장을 드러내고 있는 장군의 사진이 외설적이다. 또한 히피의 의식儀式이 아니라, 전쟁이 평화를 위해 필요하다고 말하는 교회 고위 성직자의 선언이 외설적이다. 언어의 치료 — 즉 기존 질서에 의해 그 의미가 완전히 왜곡된 단어들을 해방시키는 노력 — 는 도덕적 기준을 기존 질서로부터 그것에 대한 저항으로 옮길 것을 요구한다. 동일하게 사회학과 정치학의 용어들도 급진적으로 새로운 형태를 취해야 한다. 즉 잘못된 중립성으로부터 탈각되어야 하며, 거부의 관점에서 방법론적으로 또 도발적으로 "도덕화"되어야 한다. 도덕성은 필연적으로, 원초적으로 이데올로기적인 것이 아니다. 비도덕적인 사회의 면전에서 도덕성은 정치적인 무기가 된다. 즉 민중으로 하여금 징병 소환장을 불태우고 국가 지도자들을 비웃으며 거리에서 시위를 하고, 교회에서 "살인하지 말라"는 플래카드를 펼치도록 몰아가는 효과적인 힘이다.

외설에 대한 반응은 부끄러움이다. 일반적으로 이것은

터부를 어겼을 때 수반되는 죄의식의 생리적인 표명으로 해석된다. 하지만 풍요 사회에서 외설적인 노출은 문명의 가장 근본적인 도덕적 터부에 속하는 몇몇 사항을 위반한 경우라도 보통 부끄러움이나 죄의식을 야기하지 않는다. 외설이라는 말은 성적인 영역에 속한다. 곧 부끄러움과 죄의식은 오이디푸스적인 상황에서 발생한다. 이러한 관점에서 사회적 도덕성이 성적인 도덕성에 뿌리를 두고 있다고 볼 수 있다면, 풍요 사회에서 부끄러움이 없어지고 죄의식이 효과적으로 억제되고 있다는 사실은 부끄러움과 죄의식이 성적인 영역에서 소멸해 가고 있다는 것을 말해 준다. 실제로 벌거벗은 육체의 노출은 (모든 실제적 목적을 위해) 허용될 뿐 아니라 심지어 장려되고 있으며 혼전, 혼외 관계에 대해서는 주목할 만큼 관대해졌다. 따라서 우리는 성해방이 풍요 사회의 억압적이고 공격적인 권력을 위한 본능의 기초를 제공한다는 모순에 직면하게 된다.

이 모순은 기존 질서에 고유한 도덕성으로부터의 자유화가 효율적 통제의 틀 내에서 이루어진다는 점을 이해한다면 해소될 수 있다. 그 틀 내에서의 자유화는 오히려 전체의 응집력을 강화시킨다. 즉 터부의 느슨해짐은 (그 주목할 만한 양가감정에도 불구하고) 죄의식을 완화시키고 그렇게 해서 "자유로워진" 개인들을 제도화된 아버지들에게 리비도적으로 결합시킨다. 그렇게 되면 이들 아버지들은 권력이 있지만 관용적인 사람들이 되고 그들에 의한 국가와 경제의 관리는 시민들의 자유를 구해 주고 보호해 주는 것이 된다. 한편 터부의 극복이 성적인 영역을 뛰어넘어 거부와 저항으로 향하는 경우에는 죄의식이 완화되거나 억제되지 않고 다음과 같이 전이된다. 즉 죄는 우리가 아니라 아버지들에게 있으며 그들은 관용적인 것이 아니라 오히려 잘못을 범했다, 따라서 그들은 우리들, 즉 아들들을 유죄로 만듦으로써 자신들의 죄를 만회하려 한다, 그리하여 그들은 우리가 살고 싶지 않은 위선과 폭력의 세계를 창조했다고 말이다. 본능적인 반역은 정치적인 저항으로 전환되고 이러한 연합에 대항하여 기존 질서는 자신의 힘 전체를 동원한다.

이 연합이 그러한 반응을 불러일으키는 이유는 그것이 현재의 발전 단계에 있어 사회적 변화의 전망의 범위, 즉 급진적인 정치적 실천이 갖고 있는 문화적 전복의 정도를 보여주기 때문이다. 현존 사회와 대결하는 저항자들이 취하는 거부는 그것이 과거의 문화에 의해 배신당한 인간주의적인 약속들을 이행하는 새로운 문화를 고려한다는 점에서 긍정성을 갖는다. 결국 정치적 급진주의는 도덕적인 급진주의를 함축하게 된다. 이러한 도덕성의 출현은 자유를 위한 인간을 미리 형성시켜 줄 것이다. 이 같은 급진주의는 인류의 도덕성에 대한 기초적이고 유기체적인 기반을 실현시켜 준다. 도덕성은 유기체가 갖고 있는 하나의 "성향disposition"으로서 특정한 사회적 기준에 부합하는 어떠한 윤리적 행위보다 우선하며, 어떠한 이데올로기적 표명보다 우선한다. 그것은 아마도 공격적인 것에 대항하면서 생의 "항상 보다 큰 단위들"을 창출하고 보호하는 에로스적인 추동에 뿌리를 두고 있을 것이다. 그렇다면 우리는, 모든 종류의 "가치들"을 위한, 인간 사이의 연대를 위한 본능의 기초를 갖는 셈이다. 계급 사회의 요구에 따라 효과적으로 억압된 연대는 이제 해방을 위한 전제 조건으로 등장한다.

본능의 기초가 그 자체로 역사적인 것이라는 점, 또한 "인간 본성"을 구성할 수 있는 가능성(malleability, Bildsamkeit)의 영역이 인간 본능의 구조의 깊이에까지 닿아 있다는 점에서 도덕성의 변화는 "생물학적"[1] 차원으로까지 "내려가서" 유기체의 여러 행동을 개조한다. 일단 특정한 도덕성이 사회적 행동의 규범으로 굳건히 확립되면, 무의식적으로 받아들여질 뿐 아니라 "유기체의" 행동 규범으로서도 작용하게 된다. 즉 유기체는 무의식적으로 받아들여진 도덕성에 입각해 어떤 자극은 받아들이거나 반응하고 어떤 것은 "무시하거나" 물리치게 된다. 결국 도덕성은 살아 있는 세포로서 해당 사회에서 유기체의 기능을 촉진하거나 방해하는 셈이 된다. 이 같은 방식으로 하나의 사회는, 의식意識과 이데올로기의 측면에서, 대중적 "본성"의 한 부분인 행동과 열망의 양식을 지속적으로 재-창조한다. 저항이 이러한 "제2의" 본성에, 즉 내면적인 성장의 양식까지 이르지 못하면 사회적 변화는 "불완전"하고 심지어는 자기 파괴적인 것으로 남게 된다.

소위 소비 경제와 기업 자본주의에 의한 정치는 나름대

로 제2의 인간 본성을 창출해 왔다. 이것은 인간을 상품 형태에 리비도적이고 공격적으로 결합시킨다. 소유와 소비 그리고 상행위에 대한 욕구, 대중들에게 공급되거나 떠넘겨진 기구, 장치, 기계, 엔진 등을 끊임없이 새것으로 바꾸려는 욕구, 자기 파괴의 위험에 직면해도 그러한 상품들을 사용하려는 욕구는 바로 위에서 정의한 의미에서 "생물학적" 욕구가 되었다. 그러한 제2의 인간 본성은, 그 어느 때보다 상품으로 밀도 높게 채워진 시장에 대한 인간의 의존을 붕괴시키고 어쩌면 폐지시킬 수도 있을 어떠한 종류의 변화도 거부한다. 사고 파는 와중에서 자신을 소비하는, 소비자로서의 현존재를 폐지하는 것을 말이다. 이 체제에 의해 생성된 욕구는 대단히 안정 지향적인 보수적인 욕구이다. 반혁명은 본능의 구조에 닻을 내리고 있는 것이다.

항상 착취와, 따라서, 지배의 일종이었던 시장은 사회적 계급 구조를 보증한다. 하지만 선진 자본주의의 생산 과정은 지배의 형태를 개조했다. 즉 테크놀러지가 상품이 가진 계급적 이해利害의 난폭한 본질과 그 조작을 가려주고 있다. 억압의 엔진 역할을 하는 것이 테크놀러지나 기술, 또는 기계가 아니라 그것들 속에 자리잡고서 그것들의 수량, 가용 기간, 출력, 생활에서 점하는 위치, 그리고 그에 대한 욕구를 결정하는 지배자들의 현존이라는 점을 언급하는 것이 아직도 필요할까? 과학과 테크놀러지는 해방의 위대한 운반체이지만 단지 억압적인 사회에서 사용되고 제한받기 때문에 지배의 운반체로 변화되었다는 점을 반복하는 것이 아직도 필요할까?

자동차가 억압적인 것도, 텔레비전 수상기가 억압적인 것도, 가정용 용구가 억압적인 것도 아니다. 그러나 이윤을 남기는 교환에 입각해 생산된 자동차와 텔레비전과 가정용 용구는 대중의 현존재, 즉 대중의 자기 "실현"의 한 부분이 되었다. 그리하여 대중은 자신의 현존재의 일부분을 시장에서 구입한다. 즉 이 현존재는 자본의 실현이다. 적나라한 계급적 이해는 불안전하고 구닥다리 같은 자동차를 만들어 내고 그를 통해 파괴의 에너지가 촉진된다. 계급적 이해는 폭력과 우둔함을 선전하기 위해, 넋이 나간 시청자들을 만들어 내기 위해 대중 언론을 이용한다. 그렇게 하기 위해서만 지배자는 공공과 대중의 요구에 복종한다. 그 유명한 수요와 공급의 법칙이 지배자와 피지배자 간의 조화를 확립해 주는 것이다. 사실상 이 조화는, 지배자가 자신이 만들어낸 상품을 요구하는 대중, 즉 상품 속에서 그리고 상품을 통해 좌절과 그 같은 좌절로 인한 공격성을 얻게 될 때 더욱 끈질기게 상품을 요구하는 대중을 창출해 내는 한에서 이미 확립되어 있는 것이다. 자기 결정, 즉 개인의 자율성은 자동차를 몰 권리, 전동 용구를 다룰 권리, 총을 구입할 권리, 대중 매체에 자신의 의견을 피력할 권리 등을 주장한다. 그것이 얼마나 무지에 차고 공격적인 것인가는 문제가 되지 않는다. 조직화된 자본주의는 전례가 없는 규모로 좌절과 원초적인 공격성을 승화시켜 사회적인 생산을 위해 이용한다. 그 폭력의 규모에서보다도 장기간의 만족을 주고 "자발적인 예속"을 생산하는 능력을 가졌다는 점에서 그것은 전례가 없다. 분명 좌절과 불행, 그리고 병든 상태가 이러한 승화의 기초이지만 생산성과 체제의 난폭한 힘은 그 기초를 여전히 통제 하에 두고 있다. 성과가 지배의 체제를 정당화시켜 주며 기존의 가치는 대중 자신의 가치가 된다. 또한 적응이 자발성과 자율성으로 변모되며, 여러 가지 사회적 필요들 가운데서 선택하는 행위가 자유로 여겨진다. 이러한 의미에서 지속적인 착취는 테크놀러지의 베일 뒤에 숨겨져 있을 뿐 아니라 실제적으로도 "변형되었다." 자본주의적 생산 관계는 예속과 노역뿐만 아니라 주민 대다수에게 허용된 더 많은 행복과 즐거움을 책임진다. 요컨대 이전보다 더 많은 상품들이 떠넘겨지고 있는 것이다.

만족을 위한 일용품을 생산하는, 방대하게 증가된 역량이나 그러한 역량에 의해 가능하게 된, 계급 투쟁의 평화적인 관리도 자본주의의 본질적인 특징인 잉여 가치의 사적 전유와 기업의 이익 실현을 폐지할 수는 없다. 자본주의는 스스로를 변형시킴으로써 스스로를 재생산한다. 그리고 이러한 자본주의의 변형은 주로 착취의 발전이다. 인간들이 더 이상 고통받지 않는다면 착취와 지배는 그 자신이기를, 또한 인간에게 가하던 것을 중단한 것일까? 상품 생산과, 전세계의 상당 부분을 지옥으로 만드는 체제를 유지하는 서비스 분

야에서 정신적 에너지가 육체적 에너지를 점점 더 대체해 간
다면 노동은 인간을 쇠약하게 만들기를 중단한 것일까? 이
질문에 대해 그렇다고 말하는 답변은, 주민들의 마음을 가라
앉히고 만족시키는 어떤 형태의 억압을 정당화해 주는 것이
리라. 반면 아니라고 말하는 답변은, 개인으로부터 그 자신
의 행복의 판단자가 되는 것을 박탈하는 것이리라.

행복이 주관적인 느낌 이상을 요구하는 객관적인 조건이
라는 관념은 사실 애매한 것으로 여겨져 왔다. 이 같은 관념
이 유효해지는 것은 "인간" 종들간의 실질적인 연대에 달려
있다. 그것은 적대적인 계급들과 국가로 나누어진 사회에서
는 성취될 수 없다. 인류의 역사가 그러한 사회에 머물면 "본
성의 상태" ― 이것을 어떻게 재규정하든 ― 가 우위를 점한
다. 문명화된 만인 대 만인의 **투쟁**에서는 한 사람의 행복이 다
른 사람의 고통과 병존할 수밖에 없다. 제1차 인터내셔널은,
주관적인 것과 객관적인 것, 즉 특수한 것과 보편적인 것이
일치하는 사회 계급에 연대성을 기초함으로써 인간 종들간
의 연대성을 현실화하기 위한 마지막 시도였다(제1차 인터내
셔널은 마르크스와 엥겔스의 초기 저작에서 결정적인 역할을
한 추상적인 철학 개념인 "인간으로서의 인간," 인류, "유적 본
질*Gattungswesen*"의 뒤늦은 구체화이다). 그 다음으로는 보
잘것없는 소수자들이 파시스트와 자유주의적 자본주의가 결
합된 힘에 맞선, 잊을 수 없는 동시에 희망 없는 싸움인 스페
인 시민 전쟁이 해방의 추동력으로서의 이 같은 연대성을 환

기시켜 주었다. 그 당시 빈약한 무기로 압도적인 기술의 우세를 이겨낸 국제여단은 젊은 지식인과 노동자들의 연합이었다. 이 연합은 오늘날 급진적인 저항의 필사적인 목표가 되었다.

이러한 목표를 달성하는 것은 조직화된(또한 비단 조직화된 것만이 아닌) 노동 계급의 선진 자본주의로의 통합에 의해 방해받고 있다. 그러한 통합의 충격에 의해 착취 받는 자들의 진정한 이익과 직접적인 이익의 구별이 사라지고 말았다. 추상적인 사유와는 거리가 먼 이 구별은 마르크스주의 운동의 전략을 이끌어 오던 것이다. 즉 그것은 노동 계급의 경제 투쟁이 초월되어야 하는 필요성을 표현해줌으로써 임금 인상 요구와 노동 조건의 개선에 대한 요구를 정치적 장으로까지 확장해 주었으며, 계급 투쟁을 체제 자체가 위태로워지는 지점까지 몰고 갔고, 또한 외교 정책과 동시에 국내 정책, 국가적 이익과 동시에 계급적 이익, 그리고 투쟁의 표적을 만들어 내었다. 인간이 자신의 삶을 (스스로) 만들어갈 수 있는 조건의 달성이라는 진정한 이익은 자신의 삶을 더 이상 이윤을 만드는 생산의 요구에 종속시키지 않겠다는, 또한 스스로 통제할 수 없는 기구機構에 종속시키지 않겠다는 것이었다. 그리고 이러한 조건의 달성은 자본주의의 폐지를 의미하였다.

피지배자의 진정한 이익과 직접적인 이익 사이의 구분이 불분명해졌다는 것은 단순히 삶의 기준이 보다 높아졌다는 것을, 즉 소비자로서의 지배자와 피지배자 사이의 간격에 현혹의 다리가 놓여졌다는 것을 의미하지 않는다. 마르크스주의 이론은 빈곤이 필연적으로 혁명의 토양을 제공하지 않는다는 것을 즉각 인식하게 되었다. 또한 고도로 발전된 의식과 상상력이 선진적인 물질적 조건에 급진적인 변화를 줄 생의 욕구를 발생시키리라는 것도 인식하게 되었다. 기업 자본주의의 힘은 그 같은 의식과 상상력의 등장을 억눌러 왔다. 그들의 대중 언론은 합리적이고 감성적인 능력을 시장과 정치에 맞게 조절하여 지배를 방어해 왔다. 소비 수준의 격차가 좁아진 곳에서는 노동 계급의 정신mental과 본능의 일치가 가능하게 된다. 즉 조직화된 노동자의 다수는, 물질적이고 문화적인 상품의 소비자로서의 자신들의 행위와 비타협적인 지식인에 대한 감정적인 혐오감에 준거하여, 중간 계급의 안정과 반혁명에 대한 욕구를 공유하게 된다. 이와 반대로 소비 수준의 격차가 여전히 큰 곳, 즉 자본주의 문화가 아직은 모든 가정에 이르지 못한 곳에서는 안정에 대한 욕구 체제는 한계를 갖는다. 특권 계급과 피착취 계급 사이의 그 같은 엄청난 대조는 혜택을 입지 못한 계급을 급진화시킨다. 미국의 빈민가 주민과 실업자들이 이러한 경우이다. 또한 저발전 자본주의 국가의 노동 계급도 마찬가지이다.[2]

생산 과정에서 차지하는 그 기본적인 위치 때문에, 또한 그 수적인 무게와 착취의 무게 때문에 노동 계급은 아직도 혁명의 역사적 담지자이다. 하지만 체제의 안정 욕구를 공유하게 되면 노동 계급은 보수적이며 심지어 반혁명적인 힘이 된다. 객관적으로, 즉 "즉자적으로" 노동자는 여전히 잠재적인 혁명 계급이다. 하지만 주체적으로, 즉 "대자적으로"는 그렇지 않다. 이 이론적 구상은, 노동 계급이 정치적 실천의 범위와 목표를 정하는 데 도움을 줄 수 있을 유력한 상황 속에서 구체적 의미를 갖는다.

선진 자본주의 사회에서 노동 계급의 급진화는 의식의 사회적인 포획에 의해 꾀해진, 그리고 피착취자의 예속을 영속화시키는 욕구의 발전과 만족에 의해 방해를 받는다. 곧 현존 체제의 기득권은 피착취자의 본능적 구조에서 양육되고, 억압의 지속은 단절 — 해방에 필요한 선행 조건 — 되지 않는다. 그 결과 현존 사회를 자유로운 사회로 이행시킬 급진적인 변화는 마르크스주의 이론에서는 거의 다루어지지 않은 인간 존재의 차원에까지 이르게 된다. 즉 인간이 가진 생의 필수적인 욕구와 만족이 모습을 드러내는 "생물학적" 차원으로까지 말이다. 그러한 욕구와 만족이 예속의 삶을 재생산하는 한에서 해방은 생물학적 차원의 변화 — 즉 다양한 본능적 욕구, 그리고 육체뿐 아니라 정신의 다양한 반응을 말이다 — 를 전제로 한다.

현존 사회와 자유로운 사회의 질적인 차이는 동물적인 수준 너머에 있는 모든 욕구와 만족에 작용한다. 이성적인 동물로서의 인간이라는 인간 종*human* species에게 본질적인 모든 것에 말이다. 경쟁 행위와 표준화된 재미, 그리고 지위, 명예, 권력의 모든 상징, 광고가 보여 주는 남성성과 매력, 상품화된 미의 왕국 전체는 그 속에서 살고 있는 시민들로부터 착취 없는 자유라는 대안을 위한 성향과 기관器官을 죽인다.

무의식적인 동화introjection가 그 승리로부터 종말로 향하는 단계에서는, 민중들이 스스로를 거부하지 않고는 지배 체제를 거부할 수 없게 된다. 우리는 해방이 민중 대다수의 의지와 우세한 이해 관계에 대한 전복을 의미한다고 결론 내려야 할 것이다. 이처럼 사회적이고 개체적인 욕구가 잘못 정체화되는 곳에서는, 이처럼 무시무시하지만 이득을 위해 기능하는 사회에 민중이 뿌리 깊은 "유기체적" 적응을 하는 곳에서는 민주주의의 설득력과 발전에 한계가 그어진다. 민주주의의 확립은 이러한 한계의 극복 여부에 좌우된다.[3]

바로 인간 유기체의 이 과도한 적응성이 상품 형태의 영속과 확장을, 곧 행위와 만족에 대한 사회적 통제의 영속과 확장을 추동한다.

항상 커져 가는 사회 구조의 복잡성은 불가피하게 일종의 편제의 형태를 만들어 내게 될 것이다. 자유와 프라이버시는 반사회적인 사치로 자리잡게 될 것이고, 그러한 사치의 달성은 실제적인 곤란을 함축하게 될 것이다. 결과적으로 선택에 의해 인류라는 가축은 풍부하고 오염된 세계에서의 편제화되고 보호되는 생활 방식을 당연하게 받아들이는 것에 유전적으로 알맞게 될 것이다. 그곳에서는 어떤 종류의 야성, 그리고 자연에 대한 환상도 자취를 감추게 될 것이다. 그렇게 되면 통제된 섭생과 환경에 길들여진 가축과 실험실의 쥐가 인간 연구의 진정한 표본으로 자리잡게 될 것이다. 그렇다면 식량과 천연 자원, 전력의 공급 등 육체 기계와 개인의 확립의 조작에 포함된 여타의 요소들은 지구에서 살 수 있는 인간의 적정 수를 결정하는 데 고려해야 할 유일한 요인들은 아니라는 것이 분명하다. 삶의 인간적 질을 유지하는 데 중요한 것은 바로 고요함과 사생활, 독립성, 독자성 그리고 어떤 열려진 공간에 대한 갈망을 만족시키는 것이 가능한 환경이다….[4]

자본주의의 발전은 자유의 환경, 즉 인간 존재의 "열려진 공간"만을 축소시키는 것이 아니라 "동경longing," 즉 그러한 환경에 대한 욕구도 감소시킨다. 급진적인 교육과 행위를 가로막는 제도적인 장벽이 극복된다고 해도 이런 식으로 양적인 발전은 질적인 변화를 방해한다. 이것은 악순환이다. 즉 자기 스스로를 몰아대는 욕구의 보수적인 지속이 자유로운 사회로 안내할 혁명보다 우월하지만 그것의 단절 자체는 혁명을 통해서만 상상해 볼 수 있기 때문이다. 이러한 혁명은 관리된 안락과 착취 사회의 파괴적인 생산성으로부터, 즉 부드러운 타율성으로부터 자유로워지려는 생의 욕구에 의해 추동될 것이다. 또한 이 혁명은 그 "생물학적" 기초 때문에 양적인 기술적 진보를 질적으로 다른 생활 방식으로 전환할 기회를 갖게 될 것이다. 그것은 바로 이 혁명이 물질과 지성이 고도의 단계로 발전할 때 일어나기 때문이다. 이러한 발전은 인간으로 하여금 기아와 가난을 정복하게 해줄 것이다. 급진적인 이행에 대한 이 같은 이상은 게으른 사변이 아니다. 그것은 선진 산업 사회의 생산 과정[5]과 그 기술적 역량 및 사용에 객관적 근거를 두고 있다.

사실상 자유는 기술적 진보와 과학의 발전에 많은 부분이 좌우된다. 그러나 이러한 사실은 분명 본질적인 전제 조건을 감추고 있다. 즉 자유의 운반체가 되기 위해서 과학과 테크놀러지는 현재의 방향과 목적을 바꾸어야만 할 것이다. 그것들은 생의 본능이 갖는 요구인 새로운 감성에 맞추어 재구성되어야 할 것이다. 그런 후에야 우리는 해방의 테크놀러지인, 착취와 고역이 없는 인간 보편성의 형태를 자유롭게 기획하고 설계하는 과학적 상상력의 생산물에 대해 이야기할 수 있을 것이다. 그러나 이러한 즐거운 과학*gaya scienza*은 지배의 지속에 역사적인 단절이 생긴 이후에야 생각해 볼 수 있는 것이다. 새로운 유형의 인간이 가진 욕구의 표현으로서 말이다.[6]

마르크스와 엥겔스에게서 사회주의 사회 구성원(그 기초자는 아니지만)으로서 새로운 유형의 인간이라는 생각은 매우 다양한 행위에 자유롭게 참여하는 "전인적 개인"이라는 개념으로 나타난다. 이 같은 생각에 상응하는 사회주의 사회에서는 개인 능력의 자유로운 발전이, 개인이 노동 분업에 종속되는 상황을 대체하게 될 것이다. 그러나 전인적 개인이 어떤 행위를 선택하든 간에 그것이 "집단적으로en mass" 실행된다면 그 행위는 자유의 질을 상실하게 될 것이다. 가장 진정한 사회주의 사회라 하더라도 인구 성장과 선진 자본주의의 대중적 기반을 물려받게 되면 그 행위들은 "집단적"이 될 것이다. 초기 마르크스주의에 등장하는, 사냥, 고기잡이, 비평 등의 사이에서 선택적으로 삶을 영위하는 자유로운 개인들의 예들은 애초부터, 해방된 인간에 의해 자유가 영위되는 방법으로 받아들이기가 불가능하리라는 점을 암시하는 아이러니 섞인 농담처럼 들렸다. 이 황당하고 우습게 들리는 이야기는 그런 전망이 얼마나 진부한 것이며 이미 초과된 생산력의 발전 단계와 관련된 것인가를 암시해 주기도 한다. 후기 마르크스주의 개념은 필연의 왕국과 자유의 왕국 사이의 지속적인 분리를 함축한다. 즉 노동과 여가 사이의 분리를 말이다. 비단 시간적인 의미에서만 그런 것이 아니고 동일한 주체가 두 개의 왕국 사이에서 다른 삶을 사는 방식 때문에도 그러하다. 이러한 마르크스의 개념에 비추어 보면, 필연의 왕국이 지속되는 것은 진정한 인간 자유가 사회적 필요 노동 전체 영역의 외부에서 성공할 때만 가능하다. 심지어 마르크스는 노동이 유희가 될 수 있다는 생각을 거부했다.[7] 소외는 노동일의 점진적인 감소와 더불어 감소될 것이다. 하지만 노동일은 부자유의 날, 즉 합리적이지만 자유롭지 않은 날로 남게 될 것이다. 그러나 자본주의적 조직 너머에 존재하는 생산력의 발전은 필연의 왕국 내부에 자리할 자유의 가능성을 암시한다. 필요 노동의 양적인 감소는 질적인 것(자유)으로 전환될 수 있을 것이다. 그것은 노동일의 감소가 아니라 노동일 자체의 이행에 비례할 것이다. 이러한 이행에서는 무감각하며 활력을 잃은, 거짓 자동화된 자본주의적 발전의 직업들이 폐지될 것이다. 그러나 그러한 사회의 구성은 다른 종류의 감성과 의식을 가진 유형의 인간을 전제로 한다. 다른 언어를 말하고 다른 몸짓을 취하며 다른 충동을 따르는 인간, 즉 잔인성과 폭력성, 추함에 반대하는 본능적인 방어벽을 계발한 인간 말이다. 그러한 본능의 이행은 그것이 사회적 노동 분화, 다시 말해 여러 생산 관계 자체에 관여할 때에만 사회적 변화의 요소들로 이해될 수 있다. 생산 관계들은 인간적인 것, 부드러운 것, 감각적인 것들에 대한 훌륭한 의식을 가진 남성과 여성에 의해 형성될 것이다. 그들은 더 이상 그들 자신에 대해 부끄러워하지 않는다. 왜냐하면 "자유를 획득했다는 징표는 더 이상 자신에 대해 부끄러워하지 않는 것이기 때문이다"(니체, 『즐거운 과학Die Fröliche Wissenschaft』, 3권, 275쪽). 그러한 남성과 여성의 상상력은 이성理性을 만들어 내고 생산의 과정을 창조의 과정으로 만든다. 이것이 자유가 필연의 왕국으로 들어가고, 그리하여 필연성에 의한 원인과 자유에 의한 원인이 합치되는 것을 묘사하는 사회주의의 유토피아 개념이다. 자유가 필연의 왕국으로 들어가는 것은 마르크스로부터 푸리에로 이행하는 것을, 필연성에 의한 원인과 자유에 의한 원인이 합치되는 것은 현실주의로부터 초현실주의로 이행하는 것을 의미할 것이다.[8]

유토피아적인 구상? 그것은 위대하고 진정하며 초월적인 힘, 즉 "새로운 사유idée neuve"이다. 기존 사회 전체에 대항하는 최초의 힘 있는 저항이자 가치에 대한 전면적인 재평가이며 질적으로 다른 생활 방식을 위한 반역인 프랑스의 5월 혁명이 바로 그것이다. "분노한 젊은이"가 벽에 그린 그림은 칼 마르크스와 앙드레 브르통을 결합시켰다. "상상력에 권력을"이라는 슬로건은 "도처의 위원회(소비에트)"와 잘 어울렸다. 재즈 연주가의 피아노와 바리케이드가 잘 결합되었으며, 적기는 『레미제라블』의 저자의 동상과 맞아떨어졌다. 또한 툴루즈에서 파업에 돌입한 학생들은 중세 남프랑스 음유 시인들의 언어인 알비파의 언어를 요구했다. 새로운 감성은 정치적인 힘이 되었다. 그것은 자본주의와 공산주의 진영 사이의 경계를 넘어간다. 거기엔 전염성이 있다. 기존 사회의 분위기와 풍토가 바이러스를 옮겨 주기 때문이다.

주

1) 나는 "생물학적"과 "생물학"이라는 용어를 과학적 분과 학문

의 의미에서가 아니라 기분, 행동 양식, 열망이 생의 욕구가 되는 과정과 차원을 가리키기 위해 사용했다. 이 같은 생의 욕구는 충족되지 않으면 유기체에 기능 장애를 일으킨다. 반대로 사회적으로 야기된 욕구와 열망이 더 많은 만족을 주는, 유기체의 행동으로 귀결될 수도 있을 것이다. 생물학적 욕구가 반드시 충족되어야 하는 것, 혹은 그에 대한 알맞은 대체물이 없는 것으로 규정된다면 몇몇 문화적 욕구는 인간의 생물학까지 "내려"갈 수 있을 것이다. 그렇다면 우리는 예컨대 인간 유기체의 구조에 근거를 두고 있는 자유의 욕구나 미적인 욕구, 혹은 "제2의 본성"에 대해 언급할 수 있게 될 것이다. "생물학적"이라는 단어를 이처럼 사용하는 것은 욕구가 생리적으로 표현되고 전달되는 방식에 입각해 무엇인가를 함축하거나 가정하는 것은 아니다.

2) 더 이상의 논의는 86쪽 이하를 볼 것.

3) 더 이상의 논의는 98쪽 이하를 볼 것.

4) René Dubos, *Man Adapting* (New Haven and London: Yale University Press, 1965), 313-314쪽.

5) 그 같은 근거의 존재에 대해서는 3장에서 논할 것이다.

6) 지배적인 과학적 기존 질서를 이데올로기적으로 비판하는 것과 하나의 과학이 본래의 특성을 발휘할 것이라는 사유는 1968년 5월 파리에서 학생 투사들의 선언에서 다음과 같이 표현되었다.

"과학과 이데올로기의 분할 역시 거부합시다. 이것은 그 무엇보다 위험한 것인데, 왜냐하면 그것은 우리 자신에 의해 유포되기 때문입니다. 우리는 경제 법칙이나 기술의 **명령**에 의해 지배되는 것 이상으로 과학의 법칙에 의해 수동적으로 지배되는 것을 원하지 않습니다. 과학은 그 독창력이 자신의 외부에 적용 가능해야 하는 하나의 기술art입니다."

"한편 과학은 그 자신에 대해서만 규범적일 수 있습니다. 신비화하는 과학의 제국주의를 거부합시다. 또한 과학의 중심에 포함되어 있는 남용과 의존에 주의합시다. 그리고 과학이 우리에게 제공한 가능한 것들 사이에서의 실제적인 선택을 통해 과학을 대체합시다." (*Quelle Université? Quelle Societé?* Le centre de regroupment des informations universitaires가 재편집한 텍스트. Paris: Éditions du Seuil, 1968, 148쪽.

7) "유토피아" 개념에 대한 더 이상의 논의는 이제는 매우 친숙해진 *Grundrisse der Kritik der Politischen Oekonomie* (Berlin: Dietz, 1953)의 596쪽과 49쪽의 구절들을 참고할 것.

8) 52쪽 이하를 볼 것.

2

새로운 감성

새로운 감성은 정치적 요소가 된다. 현대 사회의 진화에 있어 전환점을 잘 말해 주는 이 사건은 비판 이론으로 하여금 이 새로운 차원을 사회적 진화의 개념들에 통합시켜 그 함축을 자유로운 사회의 가능한 구성을 위해 투영投影할 것을 요구한다. 그러한 사회는 전적으로 현존 사회들의 성과를 전제로 한다. 특히 과학과 기술의 성과가 그렇다. 더 이상 착취의 원인으로 작용하기를 멈춘다면 그것들은 지구상에서 가난과 노역을 제거하는 데 동원될 수 있을 것이다. 사실상 지성과 물질적 생산의 방향을 이처럼 재설정하는 것은 자본주의 세계의 혁명을 미리 전제로 한다. 따라서 자유의 선험적인 가능성을 인식하는 것이 혁명의 토양을 준비하는 의식과 상상력을 추동하는 힘이 되리라는 점을 간과한다면 이러한 이론적인 투영은 치명적으로 섣부른 것처럼 보인다. 혁명의 토양을 준비하는 의식과 상상력은 그러한 힘에 의해 움직여지는 정도에 따라 본질적으로 달라지며 그 효과를 정확히 가늠할 수 있게 될 것이다.

공격성과 죄악에 대해 생의 본능이 상승하여 우위를 점하는 것을 표현하는 이 새로운 감성은 사회적인 규모로 부정과 불행을 폐지하고자 하는 생의 욕구를 키워 주어, "삶의 기준"의 보다 나은 발전을 형성해 줄 것이다. 생의 본능은 다양한 생산 부문의 사이와 내부에서 사회적 필요 노동 시간의 분배에 대한 계획을 통해 합리적으로 표현된다. 그렇게 되면 그 목적과 선택에 우선성이 자리잡게 될 것이다. 생산의 내용뿐 아니라 생산의 "형식"과 관련하여서도 말이다. 해방된 의식은 삶의 보호와 희열 속에서 사물과 인간의 가능성을 자유롭게 발견하고 현실화하는 가운데, 이러한 목적을 달성하기 위한 형식과 질료의 잠재성을 다루면서 과학과 테크놀러지의 발전을 증진하게 될 것이다. 그렇다면 기술은 예술이 되는 경향을 가질 것이며, 다시금 예술은 현실이 되는 경향을 가질 것이다. 또한 상상력과 이성, 고도의 능력과 저급한 능력, 시와 과학적 사고 간의 모순은 무효화될 것이다. 이것은 새로운 현실 원리의 등장이다. 새로운 현실 원리 하에서 새로운 감성과 탈승화된 과학적 지성은 미학적 에토스의 창조 속에서 결합될 것이다.

"감각에 속하는"과 "예술art에 속하는"이라는 이중적인 내포를 가지고 있는 "미학적"이라는 용어는 자유의 환경에서 이루어지는 생산적이고 창조적인 과정의 질을 표현하는 데 기여할 수 있을 것이다. 예술의 특성을 갖는 기술은 주관적인 감성을 객관적인 형식인 현실로 옮겨줄 것이다. 그 감성은 죄의식을 이미 극복했기 때문에 그 스스로에 대해 부끄러워할 필요가 없는 남성과 여성의 것이다. 즉 그들은 잘못된 아버지에게 정체화하는 것을 배우지 않은 자들이다. 역사에 아우슈비츠와 베트남을, 모든 세속적 · 종교적 심문과 취

조를 위한 고문실을, 그리고 빈민굴과 함께 주식회사의 기념
비적인 사원을 만들었거나 혹은 눈감아 주거나 망각해 버리
고는 그러한 현실에서 고급 문화를 숭배하는 아버지들 말이
다. 남성과 여성들이 이러한 정체화로부터 자유롭게 행동하
고 생각할 수 있다면, 그들은 아버지에서 아들로 세대를 통
해 이어지는 고리를 끊을 수 있을 것이다. 그들은 인간성에
반하는 범죄를 다시금 불러들이지 않을 것이다. 대신 그들은
그러한 범죄를 자주적으로 중지시키고 다시 시작되지 못하
도록 예방하게 될 것이다. 인류의 역사에서 지배와 예속의
역사를 만든 원인들이 제거된다면, 그것은 과거로 회귀할 수
없는 지점에 이를 수 있는 기회이다. 이러한 원인들은 정치,
경제적인 것들이지만, 그것들이 인간의 본능과 욕구를 형성
했기 때문에, 폭력과 착취의 맥락 외부에서 사물들과 자신들
서로를 육체적, 심리적으로 경험할 수 있는 인간들에 의해서
가 아니라면 어떠한 경제적, 정치적 변화도 이러한 역사적
지속에 단절을 가져다주지 못할 것이다.

바로 이러한 이유 때문에 새로운 감성은 **실천**_praxis_이 된
다. 이러한 실천은 폭력과 착취에 반대하는 투쟁 속에 모습
을 드러내고, 이 투쟁은 본질적으로 삶의 새로운 방법과 형
식을 위해 수행된다. 그것은 한편으로 전체 기존 질서와 그
도덕성 및 문화에 대한 부정이다. 다른 한편으로는 감각적인
것, 유희적인 것, 평온한 것, 그리고 아름다운 것이 존재의 형
식이 되고 결국은 사회 자체의 **형식**이 되는 일종의 보편성 속

에서 가난과 노역이 폐지되는 사회를 건설할 권리에 대한 긍정이다.

자유로운 사회에서 가능한 형식으로서 미학적인 것은, 지식과 물질적인 자원이 궁핍의 정복을 위해 이용 가능한 발전의 단계에서 등장한다. 이 단계에서는 이전에는 진보적이었던 억압이 규제하는 억압이 되며, 미적 가치(그리고 미적 진실)를 독점하고 현실로부터 분리된 고급 문화가 붕괴되고 탈승화되고 "저급하고" 파괴적인 형식들을 통해 해체된다. 또한 젊은이의 증오가 웃음과 노래를 통해 터져나와 바리케이드와 댄스홀을, 사랑의 유희와 영웅주의를 뒤섞는 단계이기도 하다. 그리고 젊은이들은 사회주의 진영의 심각한 정신역시 공격한다. 미니스커트가 기관원에 대항하며 록앤롤이 소비에트 사실주의에 대항한다. 사회주의 사회가 가볍고 귀엽고 유희로 가득한 것이 될 수 있으며 또 되어야만 하고, 이러한 특성들이 자유를 위한 본질적인 요소라는 것, 또한 상상력에 합리성이 담겨 있다는 믿음과 새로운 도덕성과 문화에 대한 요구를 주장하는 것, 과연 이러한 거대한 반권위주의적 저항은 새로운 차원, 급진적인 변화의 방향, 급진적인 변화의 새로운 행위자의 출현, 그리고 기존 사회와는 질적으로 다른 사회주의의 새로운 전망을 제시해 주는 것일까? 미학적인 차원에는 승화된 문화적(예술) 존재 형식에서뿐만이 아니라 탈승화된 정치적 존재 형식의 관점에서도 자유와 본질적인 친화력을 갖고 있는 무엇인가가 있기 때문에, 미학적인 것이, 물질적이고 지적인 욕구가 발전하는 지평으로서 생산 기술의 요소인 **사회적 생산력**으로 화하는 것이 가능할까?

수세기에 걸쳐 미학적인 차원의 분석은 아름다움의 이데아에 초점이 맞추어져 왔다. 이러한 이데아는 미학적인 것과 정치적인 것의 공통 분모를 제공하는 미학적인 **에토스**를 표현하고 있는 것일까?

욕망의 대상으로서의 아름다움은 일차적 본능인 에로스와 타나토스의 영역에 속한다. 이 신화mythos는 대당을 갖는다. 기쁨과 공포가 그것이다. 미는 공격성을 제지할 수 있는 힘이 있다. 미는 공격자를 금지하고 무력화시킨다. 아름다운 메두사는 자기 앞에 선 사람을 돌로 굳혀 버린다. "포세이돈, 하늘색 머리카락을 가진 신이여, 부드러운 초원에서 봄날의 꽃으로 만들어진 침대에서 그녀(메두사 — 옮긴이)와 잠드소서."[1] 메두사는 페르세우스에 의해 살해당한다. 그리고 메두사의 잘려진 몸에서 날개 달린 말(馬)인 페가수스가 튀어나왔다. 그 말(馬)은 시적 상상력의 상징이다. 이 상징은 아름다움이 신성한 것이나 시적인 것과 갖는 유사성만이 아니라 아름다움이 탈승화된 기쁨과 갖는 유사성을 말해 준다. 결과적으로 고전적인 의미에서 미학적인 것은 감성, 상상, 그리고 이성을 아름다운 것 속에서 조화롭게 결합시키는 것을 주장하지만 동시에 아름다운 것의 객관적인(존재론적인) 특성역시 주장한다. 즉 인간과 자연이 그 자신이 되는 형식인 충만성으로서 말이다. 칸트는 미와 완전성(*Vollkommenbeit*)[2] 사이에 숨겨진 연관성이 있는가를 질문했다. 또한 니체는 다음과 같이 쓰고 있다. "미는 논리적인 것의 반영(*Spiegelung*)이다. 즉 논리의 법칙은 미의 법칙의 목표이다."[3] 예술가에게 있어 아름다운 것은 "아무런 긴장도 없이, 그래서 폭력이 더 이상 필요하지 않도록…" 적을 지배하는 것이다. 아름다운 것은 "유용하고, 유익하며, 삶을 상승시켜 주는 것(*Leben-steigernd*)"에 대한 "생물학적 가치"를 가지고 있다.[4]

이러한 특성들 덕분에 미학적인 차원은 자유로운 사회를 측정하는 척도로 사용될 수 있다. 전체 인간 관계는 더 이상 시장에 의해 매개되지 않는다. 즉 더 이상 경쟁적인 착취나 공포에 기초를 두지 않는다. 대신 부자유스러운 사회의 억압적인 만족으로부터 해방된 감성을 요구한다. 즉 이러한 감성은 지금까지 미학적인 상상에 의해서만 투사될 수 있었던 현실의 형식과 양식을 수용할 수 있다. 미학적 욕구는 고유한 사회적 내용을 갖는다. 그것은 인간 유기체, 즉 몸과 마음의 완전성의 차원에 대한 요구이다. 이 완전성은, 자신의 기능에 따라 그러한 요구를 거부하거나 폭력을 행사하는 제도에 대한 투쟁을 통해서만 창출될 수 있다. 가장 기본적인 만족에 대한 요구인 미학적인 욕구의 급진적인 사회적 내용은 분명히 거대한 규모의 집단적인 행동으로 변화한다. 즉 더 나은 지역 규정이나 소음과 오염으로부터의 방어를 향한 그리 심각하지 않은 추동에서, 전 도시를 자동차로부터 보호하거나 모든 공공 장소에서 라디오를 금지하는 것, 혹은 자연의 비상업화, 완전한 도시의 재구성, 출생률의 조절을 위해 압력을 행사하는 것으로 변화한다. 이러한 행동은 차츰 자본주의와 자본주의적 도덕성에 입각한 제도에 대한 전복으로 나아간다. 이러한 개혁의 양은, 경제적, 정치적, 그리고 문화적 억압을, 그리고 이윤 창출의 상업적인 환경과 생태를 유지하려는 기득권을 가진 권력 집단을 약화시켜 급진적인 변화의 질로 전화된다.

미학적인 도덕성은 청교도주의와 대립한다. 미학적인 도덕성은 체계적인 고문, 학살, 그리고 독살을 수행하는 사람들이 하듯 매일매일 목욕과 샤워를 하여 청결해지라고 주장하지 않는다. 또한 더러운 거래에 직업적으로 관여하는 사람들처럼 깨끗한 옷을 입으라고 주장하지도 않는다. 대신 자본주의 정신에 입각해 생산된 물질적인 쓰레기로부터 지구를 청결하게 하자고 주장한다. 또한 그러한 정신 자체로부터의 청결을 주장한다. 또한 그것은 생물학적인 필요로서의 자유를 주장한다. 즉 삶의 보호와 개선에 필요한 것이 아닌 어떠한 억압도 육체적으로 참을 수 없는 상태를 말이다.

칸트가 자신의 세 번째 비판서에서 감성과 상상력 사이의 경계들을 거의 말소했을 때, 그는 감성이 어느 정도로 "생산적"이고 창조적인가를 깨닫고 있었다. 즉 감성과 상상력이 자유의 이미지들을 생산하는 데 어느 정도의 역할을 수행하는가를 말이다. 이 경우 상상력은 경험적 내용을 제공하는 감성에 의존하게 된다. 이러한 경험적 내용들로부터 상상력은 자유의 왕국을 창출한다. 감성의 자료이자 감성에 의해 형식이 부여된 대상들과 관계들을 전환시킴으로써 말이다. 상상력의 자유는 그리하여 감성의 질서에 의해 제한된다. 그 순수한 형식(공간과 시간)에 의해서만이 아니라, 초월되어야 할 대상 세계로서의 초월적인 것을 결정하는 요소로 남아 있는 경험적인 내용에 의해서도 그렇다. 아름답거나 숭고하거나 유쾌하거나 무섭거나 말이다. 어떠한 현실의 형식이 투사되든 그것은 감각적인 경험으로부터 "유래하는" 것이다. 하지만 상상력의 자유는 감성에 의해서만 제한되는 것이 아니라 유기체의 구조의 반대쪽 극단인 인간의 합리적 능력, 즉 이성에 의해서도 제한된다. 새로운 세계와 새로운 생활 방식에 대한 가장 대담한 이미지는 여전히 개념들에, 그리고 세대에 세대를 연결하며 발전된 사유 속에서 가다듬어진 논리에 의해 인도된다. 이 양측면, 즉 감성의 측면과 이성의 측면에서 역사는 상상력의 기획 안으로 들어서게 된다. 감성의 세계는 역사의 세계이며 이성은 역사의 세계에서 개념을 통제하고 해석하기 때문이다.

인간의 감성과 이성에 모양을 부여해 온 계급 사회의 질서와 조직은 상상력의 자유에도 모양을 부여해 왔다. 그러한 상상력은 순수 과학과 응용 과학에서 통제를 수행했으며 시와 소설, 즉 예술에 대해서도 자율성을 가지고 있었다. 도구주의적 이성의 독재와 그것의 실현에 의해 다각화된 감각적 경험 사이에서 상상력의 힘은 억압당했다. 즉 그것은 자의적으로 실천에 적용되었다. 다시 말해 현실을 억압의 일반적인 틀 내에서만 전화시켰다. 이 같은 한계 너머에서 이루어지는 상상력의 실천은 사회적 도덕성의 터부에 대한 위반이었으며 도착이자 전복이었다. 위대한 역사적 혁명들을 통해 상상력은 짧은 기간이나마 새로운 사회적 도덕성과 자유의 새로운 제도를 위한 기획 속으로 자유롭게 들어섰지만 곧 효과를 중시하는 이성의 요구에 희생되었다.

만약 지금 젊은 지식인들의 저항에서 상상력의 권리와 진실이 정치적 행동의 요구가 된다면, 만약 초현실주의적인 형식의 저항과 거부가 이 운동 전체에 스며든다면, 분명 이 중요하지 않아 보이는 발전이 근본적인 상황의 변화를 말해 줄 것이다. 전체적인 성격을 전제하는 정치적인 저항은 미적인 차원, 즉 기본적으로 비정치적인 차원에 다다른다. 그리고 정치적인 저항은 그 차원에서 분명히 근본적이고 유기체적인 요소를 활성화시킨다. 즉 억압적인 이성의 독재에 맞서 저항을 수행하며 그를 통해 상상력의 감각적인 힘을 일깨우는 인간의 감성을 활성화시킨다. 산업 사회의 성과를 가능케 한 억압적인 합리성 — 즉 해방을 "억누르는" 그 효과성에 있어서만 합리적인 — 이 전적으로 퇴행적으로 되어 버리는 순간, 정치의 행위는 사회적 변화의 전제 조건이자 결과이기도 한 새로운 도덕성과 새로운 감성을 주장하게 된다. 억압적 이성의 한계 너머(그리고 권력 너머)에 이제 감성과 이성

간의 새로운 관계를 위한 전망이 등장한다. 즉 감성과 급진적인 의식 간의 조화가 그것이다. 그것은 자유의 객관적인 (물질적인) 조건, 그리고 그 실질적인 한계와 기회를 기획하고 규정하는 합리적 능력이다. 지배의 합리성에 의해 모양지워지고 잠식되는 대신 감성은 합리적 능력과 감각적 요구를 매개하면서 상상력에 의해 인도될 것이다. 칸트의 비판 철학에 생명을 불어넣은 위대한 구상은 그 안에서 칸트가 비판 철학을 유지하고 있는 철학적 틀을 깨뜨린다. 감성과 이성을 통합하는 상상력은 실천적이 됨에 따라 "생산적"이 된다. 즉 현실의 재구성을 선도하는 힘이 된다. 파괴와 착취에 봉사하기를 그만두고, 자유롭게 상상력의 긴급한 요구를 해방하는, 과학인 동시에 테크놀러지인 즐거운 과학의 도움을 통한 재구성 말이다. 그렇게 되면 세계의 합리적인 이행은 인간의 미학적인 감성에 의해 형성된 현실로 인도될 수 있을 것이다. 그러한 세계는 인간의 능력과 욕망이 자연의 객관적 결정론의 한 부분으로 나타날 정도로 (문자 그대로의 의미에서!) 그것을 체화하고 구체화시킨다. 다시 말해 자연의 인과성과 자유의 인과성이 일치하게 되는 것이다. 앙드레 브르통은 이러한 생각을 초현실주의 사상의 중심에 놓았다. 그의 개념인 객관적 우연*hasard objectif*은 두 개의 인과의 사실이 만나 사건을 일으키는 매듭의 지점을 말해 주고 있다.[5]

미학적 세계는 자유의 욕구들과 능력들이 해방을 위해 의존하는 **생활 세계***Lebenswelt*이다. 자유의 욕구들과 능력들

은 공격적인 충동에 의한 그리고 공격적인 충동을 위한 환경
에서는 발전할 수 없다. 또한 새로운 사회 제도의 단순한 효
과 정도로 상상해 볼 수는 없다. 그것은 **환경을 창조하는** 집단
적인 실천 속에서만 나타날 수 있다. 한 차원 한 차원, 한발
한발 물질적이고 지적인 생산물을 통해 비공격적이고 성적
이며 감수성 있는 인간의 능력이 자유의 의식과 조화를 이루
며 인간과 자연의 화해를 위해 매진한다. 이 같은 목적 달성
을 위한 사회의 재구성에서 현실은 새로운 목표를 드러내는
하나의 형식*Form*을 취하게 된다. 이 형식의 미학적 질은 그
것을 하나의 예술 작품으로 만들게 될 것이다. 하지만 이러한
형식이 생산의 사회적 과정에 모습을 드러내는 정도에 따라
예술은 그 전통적인 위치와 기능을 바꾸어 왔을 것이다. 그
것은 문화적인 이행뿐만 아니라 물질적인 측면에서 봐도 하
나의 생산력이 될 것이다. 그러한 힘으로서 예술art은 사물의
질과 "외관"에 형식을 부여하는, 또한 현실과 삶의 방식에 형
식을 부여하는 통합적인 요소일 것이다. 이것은 예술의 **지양**
*Aufhebung*을 의미하리라. 즉 현실로부터 미학적인 것을 분
리하는 것의 종말이자 비즈니스와 미를, 또한 착취와 쾌락을
상업적으로 통일시키는 것의 종말이다. 예술은 그러한 요소
들의 좀더 원초적인 "기술적" 내포를 재탈환하게 된다. 즉 무
엇인가를 준비(요리!)하거나 경작하고 키우는 기술art, 그 내
용이나 감성에 폭력을 가하지 않는 형식을 부여하는 기술이
그것이다. 다시 말해 이것은 존재의 필요성 중 하나로서의

형식의 상승을 말한다. 취향이나 애호 등 주관적 다양성의 너머에 존재하는 보편성으로서 말이다. 칸트에 의하면 모든 인간에게 공통된 선험적인 감성의 순수한 형식이 존재한다. 과연 그것은 시간과 공간뿐일까? 아니면 더 많은 물질적인 구성 형식, 예컨대 미와 추, 선과 악을 구분하는 원초적인 구분 같은 것이 있지 않을까?[26] 모든 이성화 과정과 이데올로기를 초월하는, 감성에 폭력을 가하는 것으로부터 감성에 만족을 주는 것을 차별화해 주는, 감성에 의해 만들어진 구분(받아들임에 있어 생산적인)이 존재하지 않을까? 어떤 경우에 취향과 애호와 선호의 방대한 다양성이 감성의 "본원적인" 기초, 즉 감각 경험의 차별화 과정이 될 수 있을까? 그것에 기초해 모델링하고 억제하고 억압하는 힘이 각 개인과 사회적 상황에 맞추어 작동하게 될 차별화 과정 말이다.

그러한 재구성을 기획하고 인도할 새로운 감성과 새로운 의식은 새로운 "가치"를 규정하고 의사소통시킬 새로운 언어(단어, 이미지, 몸짓, 말투 등을 포함하는 넓은 의미의 언어)를 필요로 한다. 혁명이 질적으로 다른 사회적 조건과의 관계를 얼마나 발전시켰는가는 다른 종류의 언어가 얼마나 발전했는가에 의해 알 수 있다고 한다. 지배의 지속과의 단절은 지배의 언어와의 단절이기도 할 것이다. 시인은 완전한 비타협주의자가 되어야 한다는 초현실주의의 명제는 시적인 언어에서 혁명의 의미론적 요소들을 구하고 있는 것이다.

그것은 시인이… 일종의 비타협주의에 의해, 자신이 살고 있는 세계와 완벽히 대립하지 않는 것으로 더 이상 알려질 수 없기 때문이다. 그는 모든 것에 반대하여 스스로를 정립시키고 여기에 혁명적인 것들을 포함시킨다. 이 혁명적인 것들은 정치적으로 유일한 것의 지형 위에 자신을 위치시키고 자의적으로 문화적인 운동의 전체로부터 스스로를 고립시키면서 문화를 사회적 혁명의 완수에 종속시킬 것을 권한다.[7]

초현실주의의 명제는 유물론적인 전제를 포기하지 않지만 문화적 발전으로부터 물질적인 것을 따로 떼어놓고 보는 것에는 저항한다. 그것은 문화적인 발전을 물질적인 것에 종속시키고 혁명의 자유 의지론적인 가능성을 (부정하는 것이 아니라면) 축소시키는 것으로 이어지기 때문이다. 물질적인 발전에 통합되기 전에 이러한 가능성들은 "초-현실주의적"인 것으로 존재한다. 그것들은 시적인 언어로 형상화되고 표현된 시적 상상력에 속한다. 그것은 도구주의적인 언어, 즉 혁명의 도구가 아니며 그렇게 될 수도 없다.

저항과 해방에 대한 시와 노래는 언제나 너무 늦거나 너무 빨리 오는 것 같다. 즉 그것은 기억이거나 꿈이다. 그것들의 시간대는 현재가 아니다. 그것들은 자체의 진실을 희망이나 현실에 대한 거부에 간직한다. 궁핍의 우주와 정치의 우주 사이의 거리는 너무나 크기 때문에, 또한 시적 진실과 상상력의 합리성을 유효하게 해주는 매개는 매우 복잡하기 때문에 이 두 개의 현실을 이어주는 어떤 지름길도 시에게 치명적으로 보인다. 일상의 삶과 시적인 언어 사이의 틈에 다리를 놓고 일상의 삶의 지배를 폐기시켜 줄, 문화적인 운동과 혁명적인 운동 간의 관계에 역사적인 변화를 상상할 수는 없다. 따라서 시적인 언어는 자체의 모든 힘과 진실을 타자로부터, 즉 초월성으로부터 끌어오는 듯하다.

그럼에도 불구하고 모든 의사소통이 일차원적인 사회에 의해서 독점화되고 유효화됨에 따라 기존 질서에 대한 급진적인 거부와 새로운 의식의 의사소통은 더욱더 운명적으로 자신의 언어에 의존하게 된다. 확실히 거부의 언어는 그 "질료"에 있어 긍정의 언어와 같은 것이었다. 언어는 모든 혁명 이후에 지속적으로 자신을 재확증했다. 아마도 그것은, 모든 혁명을 거치면서도 지배는 지속되어 왔기 때문에, 필연적으로 그랬을 것이다. 그러나 과거에 고발과 해방의 언어는, 지배자와 그 하수인의 용어를 공유했을지라도 결과적으로 기존 사회에 변화를 준 실제적인 혁명의 투쟁에서 자체의 고유한 의미와 유효함을 획득하게 되었다. 그리하여 자유, 정의, 평등 같은 친숙한 (사용되어지고 있으며 남용되고 있는) 용어들은 새로운 의미뿐만 아니라 새로운 현실을 획득할 수 있었다. 17세기와 18세기의 혁명들의 와중에 등장하여 자유, 정의, 그리고 평등을 덜 제한적인 형식으로 만든 현실 말이다.

오늘날 기존 질서의 언어적인 우주와의 단절은 좀더 급

진적이다. 저항의 가장 전투적인 영역에서 이 같은 단절은 거의 의미의 방법론적 반전에 가깝다. 하위 문화 그룹들이 일상의 의사소통에서 사용되는 평범한 단어를 맥락에서 떼내와 기존 질서에 의해 터부시되는 목적이나 행위를 지시하기 위해 사용함으로써 자신들의 언어를 발전시키는 일은 친숙한 현상이다. "여행"(trip, 환각적 경험 — 옮긴이), "풀"(grass, 마리화나 — 옮긴이), "항아리"(pot, 대마초 — 옮긴이), "산성"(acid, 환각제인 LSD — 옮긴이) 등 히피의 하위 문화에서 볼 수 있듯이 말이다. 하지만 훨씬 더 전복적인 담화의 우주는 흑인 투사들의 언어에서 표명된다. 여기에는, 단어들이 채택되고 규정되는 이데올로기적인 맥락을 격파하고 그것을 기존의 것에 대한 부정으로서 그 반대의 맥락에 위치시키는 체계적인 언어의 저항이 자리잡고 있다.[8] 이렇게 흑인들은 서구 문명의 가장 숭고하며 숭고화된 개념들을 "넘겨받고"는 그것들을 탈승화시키고 재규정한다. 예를 들어 인간에게 있어 진정으로 인간적인 모든 것들, 즉 부드럽고, 깊고, 불사의 것들이 위치하는 장소인 "영혼soul"(플라톤 이래로 그 정수에 있어 순백이었던)이라는 단어는 기존 담론의 우주에서는 난처하고 촌스러우며 오류투성이인 것이 되었지만, 탈승화되고 이 같은 이행을 통해, 흑인 문화로 이전되었다. 그들은 영혼의 형제들이다. 영혼은 검고 격렬하며 유기적이다. 그것은 베토벤과 슈베르트에서는 더 이상 찾아볼 수 없지만 블루스와 재즈와 록앤롤과 "소울 푸드soul food"에서는 발견할 수 있다. 이와 비슷하게 "검은 것이 아름답다black is beautiful"라는 전투적인 구호는 상징적인 가치를 전도시킴으로써 전통적인 문화의 또 다른 중심적인 개념을 전도시키고 이것을 어두운 것, 터부화된 주술, 그리고 기괴한 것들의 반反색채와 결합시킴으로써 재규정한다. 비타협적인 젊은이들 사이에서 미학적인 것이 정치적인 것으로 인입되는 현상 역시 풍요 자본주의 사회에 대한 저항의 또 다른 극단으로 나타난다. 여기서도 의미의 반전은 공공연한 모순의 지점으로 흘러 들어간다. 경찰에게 꽃을 주는 행위인 "꽃의 힘"은 "힘"이라는 의미를 재규정하고 부정하는 것이다. 저항가에 등장하는 관능적인 투쟁성, 예컨대 그 조형적인 청결함 때문에 더럽혀지지 않은 육체와 긴 머리가 주는 관능성을 생각해 보라.

새로운 감성에 의한 이러한 정치적인 표명은 저항의 깊이를, 또한 억압의 지속과의 단절의 깊이를 말해 준다. 그것은 경험 전체에 모양을 부여하면서, 또한 유기체와 환경 간의 전체 신진대사에 모양을 부여하면서 사회 권력을 증언해 준다. 생리적 차원 너머에는 역사적인 것으로 발전하는 감성의 긴급한 요구가 자리잡고 있다. 감각이 대면하고 이해하는 대상은 문명의 특정 단계의 생산물이자 특정한 사회의 생산물이다. 감각은 이번에는 대상에 스스로를 맞춘다. 이 역사적인 상호 관계는 원초적인 감각에까지 영향을 미친다. 기존 사회는 자신의 모든 구성원에게 동일한 지각의 매개물을 부과하고 있다. 개인과 계급이 가진 관점, 전망, 배경의 모든 차이를 통해 사회는 경험의 동일한 일반적인 우주를 제공한다. 결과적으로 공격성과 착취의 지속을 단절하는 것은 이러한 우주에 맞추어진 감성과의 절연이기도 하다. 오늘날의 저항은 새로운 사물들을 새로운 방식으로 보고 듣고 느끼려 한다. 오늘날의 저항은 해방을, 일상적이고 규범화된 지각의 해체와 연결시킨다. "여행"(앞서 언급된 환각적 경험 — 옮긴이)은 기존 사회에 의해 모양지워진 자아의 해체를 함축하고 있다. 짧은 기간 지속되는 인위적인 해체를 말이다. 그러나 인위적이고 "개인적인" 해방은 왜곡된 방식으로 사회적 해방의 절박함만 예상할 뿐이다. 혁명은 지각의 혁명이기도 해야 한다. 그러한 지각의 혁명은 새로운 미학적 환경을 창출함으로써 사회의 물질적이고 지적인 재구성을 동반하게 될 것이다.

그러한 지각의 혁명에 대한 욕구, 즉 새로운 지각 기관에 대한 욕구를 인지하는 것은 아마도 환각의 추구에 있어 사실의 중심에 놓인 문제일 것이다. 그러나 마약의 성질이 일시적으로 기존 체제의 이성과 합리성으로부터 벗어나게 할 뿐 아니라 기존 체제를 바꾸어줄 또 다른 종류의 합리성으로부터도 벗어나게 한다면 그 가치는 손상되어진다. 즉 감성이 현존하는 질서의 요구로부터 자유로워질 뿐 아니라 해방의 요구로부터도 자유로워진다면 말이다. 의도적으로 불분명하게 거부된 것들은 인위적인 낙원을 그들을 거부한 사회의 내부에 창출한다. 결국 거부된 것들은 비효율적인 행위를 처벌하는 사회의 법률에 종속된 채 남는다. 이와 대조적으로 급진적인 사회로의 이행은 새로운 감성이 새로운 합리성과 결합되어야 한다는 사실을 함축한다. 감성을 한편으로 하고 이론적인 것과 실천적인 이성을 다른 한편으로 하는 양자를 상상력이 매개한다면 상상력은 생산적이 된다. 그리고 (칸트가 거기에서 자유의 징표를 보았던) 이러한 능력들의 조화 속에서 사회의 재구성이 인도된다. 그러한 결합은 예술의 두드러진 특성이지만, 기본 제도나 사회 관계와 양립 불가능하게 되는 지점에서는 더 이상 실현될 수 없다. 이성과 상상력의 발전에 항상 뒤지는 물질적인 문화, 즉 소위 현실이라는 것은 이러한 많은 능력들을 비현실적이라거나 환상적이라거나 허구적이라고 비난한다. 감성이 억압되고 경험이 손상되어 버린다면 예술은 현실을 재구성하는 기술이 될 수 없다. 그러나 새로운 감성 안에서, 미적인 것의 속박당한 힘을 해방시켜 주는, 억압적인 이성에 대한 저항은 예술에서 그러한 힘을 급진화시킨다. 예술의 가치와 기능은 본질적인 변화들을 거치게 된다. 그것들은 예술의 현실 긍정적인 성격(그 덕분에 예술은 현 상태와의 화해력을 갖게 된다)과 승화의 정도(이것은 진리와 예술의 인지적인 힘이 현실화되는 것을 방해한다)에 영향을 미친다. 예술의 이와 같은 특성들에 대한 저항은 1차 세계대전 이전에 예술 전체 영역에 확산되었고 그 강도가 강해지면서 지속되었다. 그것은 예술이 가진 부정의 힘과 문화의 탈승화 경향에 목소리와 이미지를 부여했다.

현대 예술(나는 여기서 "예술"이라는 말에 문학과 음악뿐 아니라 시각 예술도 포함시킨다)의 등장은 하나의 양식이 다른 것으로 바뀌는 전통적인 대체 이상의 의미를 가지고 있다. 비구상적인 추상화와 조각, 의식의 흐름 기법과 형식주의 문학, 12음계 작곡, 블루스와 재즈 같은 것들은 옛것에 새로운 방향이 부여되거나 강화된, 지각의 새로운 양식만으로 볼 수 없다. 오히려 그것들은 바로 그러한 지각의 구조를 분해하여 공간을 열었다. 왜 그런가? 예술의 새로운 대상은 아직 "주어지지" 않았지만 우리에게 전승된 대상은 쓸모 없으며 오류투성이다. 즉 환영, 모방, 조화에서 현실로 나가야 하지만 현실은 아직 "주어지지" 않았다. 그것은 "사실주의"의 대상인 현실이 아니다. 따라서 현실은 발견되어야 하고 기획되어야 한다. 오감은 자신을 형성시킨 법률과 질서라는 매개물을 통해 더 이상 사물을 보지 않는 법을 배워야 한다. 우리의 감성을 조직한 나쁜 기능주의는 타파되어야 한다.

처음부터 새로운 예술은 볼셰비키 혁명의 발전, 그리고 그것에 의해 활성화된 혁명적인 운동들과 긴장 관계 혹은 갈등 관계를 맺으며 급진적인 자율성을 주장했다. 예술가는 형식에 전념하기 때문에 예술은 혁명적인 실천의 외부에 머문다. 형식은 예술 고유의 현실, 즉 **사태 자체**die Sache selbst이다. 러시아의 "형식주의자" 아이켄바움은 다음과 같이 주장했다.

형식이라는 개념은 새로운 의미를 가지고 있다. 그것은 더 이상 하나의 겉모양이 아니라 모든 상호 관련성을 넘어서서 그 자체 내에 내용을 가지고 있는 역동적이고 구체적인 통합성intégrité이다.[9]

형식은, 무의식과 "잘못된" "자동 작용automatism," 즉 혁명적 실천까지도 포함한 모든 실천에 작용하고 있는, 문제되지 않는 친근성과의 단절을 가능케 해주는 예술적인 지각의 성취이다. 그러나 사회적으로 설계된 경험은 감성의 해방에 대해 저항한다. 예술적 지각은 이러한 직접성을 분쇄한다. 사실상, 이러한 직접성은 역사적 산물이다. 즉 기존 사회에 의해 부과된 경험의 매개가 자족적이며 닫혀진, 그리고 "자동화된" 체계 안에서 응고된 것이다.

그리하여 삶은 사라지고 무無로 이행된다. 자동화는 대상, 습관, 가구, 여자, 그리고 전쟁에 대한 공포마저 집어삼킨다.[10]

이 죽음과 같은 삶의 체계를 또 다른 죽음과 같은 체계로 대체하지 않고 변화시키려면, 인간은 삶의 새로운 감성을 발전시키는 법을 배워야 한다. 즉 자신의 삶의 감성과 사물의 감성을 말이다.

삶의 감동을 불러오기 위해서, 사물을 느끼기 위해서, 돌이 돌이라는 것을 증명하기 위해서 우리가 예술이라고 부르는 것이 존재한다. 예술의 목적은 재인식으로서가 아니라 전망으로서 대상에 감동을 부여하는 것이다. 예술의 과정은 대상들의 통합 과정이며 형식을 흐리게 만드는 것, 지각의 어려움과 그 지속을 증가시키는 것으로 이루어지는 과정이다. 예술에 있어 지각의 행위는 그 자체로 목적이며 따라서 지속되어야 한다. 즉 예술은 대상의 생성을 증명하는 수단이다. 그 대상은 예술과 무관하게 이미 "생성된" 것이다.[11]

내가 형식주의자들을 언급한 이유는, 예술적 지각이 그 자체로 목적이라고, 즉 내용이 곧 형식이라고 주장한 학파가 예술의 이행적인 요소를 강조한 것이 매우 특징적으로 보이기 때문이다. 분명히 기존의 현실 속에서 기존의 현실에 대항하여 작동하는 예술이 주어진 현실을 초월할 수 있는 것은 형식 덕분이다. 그리고 이러한 초월적인 요소들은 예술과 예술적인 차원에 내재되어 있다. 예술은 경험의 대상을 재구성함으로써 경험을 개조한다. 즉 단어와 음조와 이미지들 속에서 그것들을 재구성한다. 왜일까? 분명 예술의 "언어"는 진실을 소통한다. 진실이란 일상의 언어와 일상의 경험으로는 접근 가능하지 않은 대상성을 의미한다. 이러한 요구는 현대 예술의 상황에서 터져나왔다.

이처럼 급진적인 성격, 즉 현대 예술의 이러한 재구성의

"폭력"은 그것이 하나의 양식이나 또 다른 양식에 대한 저항
이 아니라 "양식" 자체, 예술의 예술적인 형식, 그리고 예술
의 전통적인 "의미"에 대한 저항이라는 점을 말해 주는 것처
럼 보인다. 이 위대한 예술의 저항은 1차 세계대전 시기에 그
신호를 보내왔다.

> 우리는 위대한 세기世紀에 대해 하나의 "아니오"를 맞세운
> 다… 동시대인들이 조소하는 듯 경이를 표하는 가운데, (우
> 리는) 도무지 길처럼 보이지 않는 곁길을 걷는다. 그리고 말
> 한다. 이것이 인간 진보의 대로라고 말이다.[12]

이 싸움은 "유럽의 환영幻影적인 예술Illusionistische Kunst
Europas"[13]에 대항한 것이다. 예술은 더 이상 환영적이어선
안 된다. 예술의 현실과의 관계가 변화되었기 때문이다. 현
실은 예술의 이행적인 기능을 받아들일 수 있을 뿐 아니라
예술에 좌우되기까지 한다. 전쟁 후에 일어난 혁명들, 그리
고 패배한 혁명과 배신당한 혁명들은 예술을 환영으로 만들
어 버린 현실을 부정하였다. 그리고 예술이 환영(아름다운
가상schöner Schein)이었던 한에서 새로운 예술은 스스로를
반反예술로 공표하였다. 덧붙여 설명하자면 환영적인 예술
은 기존의 소유 관념들(Besitzvorstellungen)을 순진하게 재
현의 형태에 병합시킨 것이다. 환영적인 예술은 인간에게 종
속된 세계의 사물성(die Dinglichkeit)에 대해 의문을 제기하

지 않았다. 예술은 이러한 구상 작용과 단절해야 했다. 예술은, 뉴턴의 광학을 대체한 새로운 광학에 입각하여 그려지거나 조형된 인식 비판*gemalte oder modellierte Erkenntniskritik*이 되어야 했다. 그렇게 되면 예술은 "우리와 다른 유형의 인간"[14)]에 조응하게 되리라는 것이다.

그 이후로 예술에 있어 반反예술의 분출은 매우 다양하고 유사한 형식으로 표명되었다. 문법의 파괴, 단어와 문장의 파편화, 일상 언어의 파괴적인 사용, 악보 없는 작곡, 모든 것을 위한 소나타 등으로 말이다. 하지만 이러한 탈-형식화 전체도 여전히 형식이다. 반反예술은 예술로 남아, 공급되고 매매되어 예술로 보여지는 것이다.

예술의 거친 저항은 시장을 통해 재빨리 미술 전시관으로, 사면의 벽 안으로, 콘서트 홀 안으로 흡수되어 짧은 순간의 충격으로만 남게 되고, 번창하는 비즈니스 시설의 쇼핑센터와 로비를 흠모하는 상태에 놓이게 된다. 이런 식으로 예술 의지가 이행되는 것은 자멸적이다. 즉 자멸이 바로 예술의 구조 안에 세워지는 것이다. 작품이 얼마나 긍정적이든 "사실주의적"이든 간에 예술가는 단지 형식을 부여하기만 한다. 형식은 그가 제시하고 있는 현실, 또한 그 안에서 그가 작업하고 있는 현실의 부분이 아니다. 작품은 그것이 예술인 한에서 비현실적인 것이다. 즉 소설은 신문에 실린 기사가 아니며 정물화는 살아 있지 않다. 심지어 팝아트에서조차 실제의 통조림은 슈퍼마켓에 놓여 있는 것이 아니다. 바로 이 같은 예술의 형식은, 예술을 "제2의 현실"로부터 분리하는 것을 폐지하고 생산적인 상상을 제1의 현실로 번역하려는 노력과 모순된다.

예술의 형식: 우리는 다시 한번 "아름다움"이라는 개념에 초점을 맞춰 예술을 분석한 철학적인 전통을 살펴보아야 한다(많은 예술이 분명 아름답지 않다는 사실에도 불구하고 말이다). 아름다움은 윤리적이고 인지적인cognitive "가치"인 **칼로카가톤***Kalokagathon*으로 해석되어 왔다. 아름다움은 이데아의 감각적인 외관이라는 것이다. 그리하여 진리의 길은 미의 왕국을 통과한다고 한다. 도대체 이 은유들은 무엇을 의미하는 것일까?

미적인 것의 뿌리는 감성에 놓여 있다. 아름답다는 것은 우선 감각적이다. 즉 감각에 호소한다. 그것은 쾌락적인 것이며 승화되지 않은 추동의 대상이다. 그러나 아름다움은 승화된 것과 승화되지 않은 대상 사이의 중간 위치를 점하는 것처럼 보인다. 아름다움은 직접적인 성적 대상의 본질적이고 "유기체적인" 특성이 아니다(오히려 아름다움은 승화되지 않은 추동을 지연시키기까지 한다). 한편 다른 쪽 극단에서 수학의 정리는 그 고도의 추상성 때문에 "아름답다"고 불릴 수 있다. 아름다움의 다양한 내포는 형식이라는 이데아에 수렴되는 듯이 보인다.

미학적인 형식을 통해 내용들(소재들)이 모아지고 규정된 후 정렬되면 소재들, 혹은 "재료들"의 직접적이고 지배되지 않은 힘은 지배를 받고 "질서를 획득하는" 조건을 획득하게 된다. 형식이 설사 무질서, 폭력, 고통을 표현하는 경우에도, 형식은 무질서, 폭력, 고통의 부정이자 지배이다. 이러한 예술의 승리는 내용을 미학적 질서에 종속시킴으로써 얻어진다. 그것은 그 긴급한 요구들에 있어서 자율적이다. 예술 작업은 자신의 고유한 한계와 목적을 정한다. 예술 작업은 요소들 상호간의 관계를 요소에 고유한 법칙에 입각하여 맺어 준다는 점에서 의미 부여적*sinngebend*이다. 비극, 소설, 소나타, 회화 등의 "형식"으로 말이다. 따라서 내용은 이행적이다. 즉 그러한 내용은 내용의 요소들을 초월하는 의미를 획득한다. 그리하여 이러한 초월적 질서는 예술의 진실로서 아름다움의 외관이 된다. 비극이 오이디푸스와 도시(테베 — 옮긴이)의 운명을 말해 주는 방식, 그 사건들의 과정을 배치하고 말해지지 않은 것과 말해질 수 없는 것들에 언어를 부여하는 방식을 보라. 비극의 "형식"은 희곡의 대단원과 더불어 공포를 종식시킨다. 그것은 답보 상태에 파괴를 가져다주고, 장님을 보게 하고, 참을 수 없는 것을 참고 이해하게 해준다. 또한 그것은 잘못된 것과 우발적인 것과 악惡을 자기 밑에 종속시킨다. "시적 정의正義"라는 말은 예술이 지닌 내적인 양가성을 암시해 준다. 시적 정의는 무엇이 죄악인가를 고발하면서 미학적인 형식으로 고발을 취하고 고통을 구제해 준다. 이처럼 "구제"하고 화해하는 힘은 예술에 내재하는 것으로 보인다. 그것이 예술일 수 있는 덕분에, 곧 그것이 형식을 부여하는 힘인 덕분에 말이다.

예술의 구제하고 화해하는 힘은 비환영적 예술과 반反예술의 가장 급진적인 표명까지도 고수하고 있다. 회화, 조각, 작곡, 시에서 그렇듯이 그것들은 여전히 작품들이다. 그리고 그러한 한에서 그것들은 고유한 형식를 가지고 있고 그러한 형식을 통해 고유한 질서, 즉 고유한 틀(비록 그것이 보이지 않는다 하더라도), 고유한 공간, 고유한 시작, 그리고 고유한 끝을 만들어 낸다. 예술의 미학적인 필연성은 현실의 무서운 필연성을 대체하고 그 고통과 쾌락을 승화시킨다. 그리하여 맹목적인 고통과 자연nature의 잔인성(그리고 인간 "본성nature"의 잔인성)은 그 의미와 대단원을 설정하게 된다. 이것이 "시적 정의正義"이다. 십자가에 못 박힐 때의 공포는 아름다운 구도를 지배하고 있는 예수의 아름다운 얼굴에 의해 정화되고, 정치의 공포는 라신느의 아름다운 시구에 의해 정화되며, 죽음의 공포는 〈대지의 노래Lied von der Erde〉(구스타프 말러의 관현악곡 — 옮긴이)에 의해 정화된다. 그리고 미학의 우주에서는 고통과 죽음을 따라가며 기쁨과 만족이 고유한 자리를 차지하게 된다. 즉 모든 것이 다시금 정상으로 굴러가고 있는 것이다. 고발은 취하되고 심지어 예술이 가진 예술적 부정의 극단인 도전과 모욕과 조롱조차 이러한 질서에 굴복하고 만다.

이러한 질서의 회복과 더불어 형식은 사실상 **카타르시스**를 성취한다. 현실의 공포와 기쁨은 정화된다. 그러나 이러

한 성취는 환영적이며 잘못된 것이고 허구적인 것이다. 그것
은 여전히 예술의 차원 내에, 즉 하나의 예술 작품으로 머물
고 있다. 실제에 있어서 두려움과 좌절은 감소되지 않은 채
지속된다. (짧은 카타르시스가 지나면 두려움과 좌절이 영혼에
지속되듯이 말이다.) 사태를 진정시킴으로써 정복하고 대상
을 변형시키는 것은 비현실적으로 남게 된다는 말이 아마도
예술 안에 세워진 자멸적인 모순을 가장 인상적으로 표현해
주는 것이리라. 지각의 혁명이 비현실적으로 남아 있는 것과
마찬가지로 말이다. 이러한 예술의 대리적인 성격은 예술을
어떻게 판단해야 할 것인가라는 질문을 지속적으로 야기한
다. 파르테논은 노예 개개인이 고통 받기에 충분한 가치를
지니고 있었을까? 아우슈비츠 이후에도 시를 쓰는 것이 가능
한가? 이런 질문들은 저항에 직면한다. 현실의 공포가 전체
적으로 되어 가는 경향을 갖고 정치적인 행동을 가로막을
때, 현실에 대한 거부로서, 급진적인 상상에서가 아니라면
어느 곳에 저항과 그 비타협적인 목표가 머리 속에 자리잡을
것인가? 라고 말이다. 그러나 오늘날, 이미지와 그것을 실현
하는 것은 "환영적" 예술의 영역에서만 가능한 일일까?

　　우리는 미학적인 것이 역사적 생산력이 될 수 있다는 점
에 대해, 또한 그러한 예술의 실현을 통해 예술을 "종말"로
이끌어갈 조건들의 역사적 가능성에 대해 언급했다. 오늘날
그러한 조건들의 윤곽은 선진 산업 사회의 부정성에서만 등
장한다. 선진 산업 사회의 역량은 상상력을 하찮은 것으로

만든다. 예술이 어떤 감성을 발전시키든 간에, 사물과 삶에 어떤 형식을 부여하든 간에, 어떤 전망을 소통시키든 간에 말이다. 실제로 경험의 급진적인 변화는, 그 끔찍한 상상의 이미지에 따라 세계를 조직하고, 불구화된 경험들을 더욱 크게 또한 더 잘 영속시키는, 권력이 소유한 기술의 범위 내에서 일어난다.

하지만 이러한 사회의 하부 구조와 연결된 생산력이 진보하게 되면 사회의 부정성과 모순을 일으키게 된다. 분명 테크놀러지와 과학의 해방적 가능성은, 주어진 현실의 틀 안에 효과적으로 포함되어 있다. 인간 행위를 계산을 통해 예측하고 설계하는 것, 쓰레기 같은 물건과 사치스러운 폐물의 하찮은 발명, 인내와 파괴의 한계에 대한 실험은 착취의 이익에 입각한 필연성에 대한 지배의 상징들이다. 그럼에도 불구하고 그것들은 필연성의 지배를 말해 준다. 착취의 속박으로부터 풀려나게 되면, 과학의 성과에 의해 유지되는 상상력은 자신의 생산력을 경험의 영역을 급진적으로 재구성하는 데 사용할 수 있을 것이다. 이러한 재구성에서 미학적인 것의 역사적인 **토포스**_topos_는 변화될 것이다. 그것은 사회가 예술 작품이 되는 **생활 세계**_Lebenswelt_의 이행 속에서 그 표현을 찾게 될 것이다. 이러한 "유토피아적인" 목표는 (자유의 발전의 모든 단계가 그러했듯이) 도달 가능한 해방의 단계에서 발생하는 혁명에 좌우된다. 다른 말로 표현하면, 이행은 자유로운 인간(혹은 스스로를 자유롭게 하는 실천을 행하는 인간)이 연대성을 통해 자신의 삶에 형식을 부여하여, 생존 투쟁에서 그 추하고 공격적인 특성이 사라지는 환경을 건설하는 방식에서만 상상해 볼 수 있다. 이 같은 자유의 형식은 단지 자기 결정이나 자기 실현일 뿐 아니라 지구상의 삶을 질적으로 높이고 방어하고 결합시키는 목표를 결정하고 실현하는 것이다. 그리고 이러한 자율성은 생산 양식과 생산 관계에서만이 아니라, 말과 침묵, 몸짓과 겉모습, 민감함, 사랑과 증오에 담긴 인간들의 개인적인 관계에서 표현될 것이다. 아름다움은 자유의 본질적인 질이 될 것이다.

그러나 오늘날 기존 문화에 대한 저항은 이러한 문화의 아름다움에 대한 저항이기도 하다. 즉 너무나 승화되고 분리되고 질서정연하며 조화를 갖춘 형식들에 대한 저항이다. 그것들의 해방적인 열망은 전통 문화에 대한 부정으로 나타난다. 즉 방법론적인 탈승화로 말이다. 아마도 그것의 가장 강력한 힘은, 훨씬 이전부터 고급 문화 전체 영역의 외부에 자리잡고 있었던 사회 집단으로부터 나올 것이다. 즉 긍정하고 승화하고 정당화하는 고급 문화의 주술의 외부에 자리잡은 사회 집단으로부터 말이다 ─ 이러한 고급 문화의 그늘 아래 살아온 인간은 그 문화의 기초였던 권력 구조의 희생자이다. 이제 그들은 자신들의 음악으로 이 문화의 가장 숭고한 성취인 "천체의 음악"(피타고라스가 천체의 운행에 의해 생긴다고 본 음악 ─ 옮긴이)에 대적하게 된다. 도전과 증오, 그리고 저항의 순교자가 갖는 기쁨과 함께 지배자의 규정에 대항하는 인간성을 스스로 규정하면서 말이다. 백인 문화를 침략한 흑인 음악은 "오 친구들이여, 이런 음조가 아닐세!"(베토벤 9번 〈합창〉 교향곡의 환희의 송가에 등장하는 코러스 ― 옮긴이)라는 가사를 놀랍게 실현시킨다. 환희의 송가는 그것을 부르는 문화에서는 이미 무효화된 것이다. 그 대신 이러한 거부가 이제 환희의 송가를 부르는 합창에 알맞은 것이 된다. 토마스 만은 『파우스트 박사』에서 다음과 같이 쓰고 있다. "나는 9번 교향곡을 무효화하고 싶다." 전복적이고 불협화음의, 울음과 외침의 리듬을 들으며, "검은 대륙"과 예속과 착취의 "딥 사우스deep South"(조지아, 앨러바머, 미시시피, 루이지애너 등 미국의 남부 지방 ― 옮긴이)에서 태어난, 억압받는 자들은 9번 교향곡을 일단 무효화하고 예술에 놀라울 정도로 직접적인, 탈승화되고 감정적인 형식을 부여하여 육체에 움직임과 깜짝 놀랄 만한 충격을 주었고, 그것을 통해 영혼이 육체 안에 물질화될 수 있게 하였다. 그 시작부터 억압받은 자의 음악인 흑인 음악은 고급 문화와 그 숭고한 승화 작용, 그리고 그것의 아름다움이 얼마나 계급적 기반에 의존하고 있는가를 말해 준다. 흑인 음악(과 백인에 의한 그것의 전위적 발전)과, "풍요 사회"에 대한 정치적 저항 사이의 유사성은 문화의 탈승화가 증가되어 간다는 점을 증언한다.

하지만 그것은 여전히 간단하고 기본적인 부정, 곧 반정립에 머문다. 즉 직접적인 거부의 입장을 취한다. 이러한 탈승화는 전통적인 문화와 환영적인 예술이 그 너머에서는 극복되지 못하도록 한다. 물론 그들의 진실과 요구는 저항의 곁에서 또한 저항과 함께, 동일하게 주어진 사회 내부에서는 유효하다. 하지만 그렇기 때문에 저항의 음악과 문학과 예술은 쉽게 시장에 의해 흡수되고 모양지워진다. 즉 무해한 것이 되어 버린다. 그 자신으로 돌아가기 위해서 그것들은 직접적인 호소를 포기해야 한다. 즉 저항에 있어 정치와 비즈니스 간에 친밀한 세계가 있다는 것을 일깨우고 좌절의 무력한 친밀성을 일깨워줌으로써 일시적으로 좌절로부터 벗어나게 해주는, 표현의 가공되지 않은 직접성을 포기해야 한다. 급진적인 예술이 방법적인 목표로 삼은 것은 바로 이러한 친밀성과의 단절이 아니었을까? 소외 효과(이것은 위대한 환영적 예술에서도 주목할 만한 정도로 작동했다)의 폐기 덕분에 오늘날 예술의 급진주의는 패퇴했다. "리빙 시어터living theater"는 그것이 살아 있는 한에서, 또한 우리로 하여금 직접적으로 배우와 동일시할 수 있게 하는 한에서, 또한 우리에게 친근한 연민, 감정이입, 혐오감을 경험할 수 있게 하는 한에서 실패하게 된다. 이 극장은 이러한 친근성, 즉 "데자뷔"를 초월하지 못하고 오히려 강화시켜줄 뿐이다. "해프닝들"이 더욱 조직화될수록 팝 아트가 더욱 시장화될수록 이러한 환경ambiance은 사회 내에 현혹적인 "공동체"를 창출한다.

　이러한 직접적인 친밀성의 정복은, 즉 많은 저항적 예술의 형식들을 사회적인 규모의 해방적 힘(소위, 전복적 힘)으로 만드는 "매개들"은 아직 성취되지는 않았다. 그것들은 작업과 기쁨, 그리고 사고와 행위의 양식에, 또한 사회주의의 미학적인 에토스를 표현하는 테크놀러지와 자연적 환경에 자리잡게 될 것이다. 그렇게 되면 예술은 상상력, 아름다움, 그리고 꿈에 대한 특권적이고 격리된 지배력을 상실하게 될 것이다. 이것은 아마 미래의 이야기일 것이지만 미래는 현실로 침투해 들어온다. 그 부정성 속에서 오늘날의 탈승화된 예술과 반反예술은 사회적 생산 역량이 예술의 창조적인 역량과 비슷해지는 단계를 "예견하고" 있다. 그렇게 되면 예술 세계의 구성은 실제 세계의 재구성과 비슷해질 것이다. 즉 해방의 예술과 해방의 테크놀러지가 결합될 것이다.[15] 이러한 예견 덕분에 무질서하고 미개하며 익살맞기까지 한, 문화의 예술적 탈승화는 급진적인 정치의 본질적인 요소를 구성한다. 즉 이행에 있어 전복의 힘을 말이다.

주

1) 헤시오도스, *Theogony* (신통기), Norman O. Brown 역 (Indianapolis: Bobbs-Merrill, 1953), 61쪽.

2) 칸트, *Handschriftlicher Nachlass* (Akademieausgabe), 622쪽

3) 니체, *Werke* (Stuttgart: Alfred Kröner, 1921), IX권, 185쪽.

4) 위의 책, 16권(1911), 230쪽.

5) 특히 Nadja를 보자: "우연의 일치가 잘 설명하지 못하는 사건이 있다. 그것은 미의 생산물인 예술의 만남들이 그렇듯 객관적 궁극성을 알리는 신호인 양 동요를 일으킨다. 최소한 그것은 우리만이 유일한 창조자들이 아니라는 의미에 대한 표시인 것 같다. 이러한 의미에서 이 같은 궁극성은 실재에 그것의 원천임에 틀림없는 질서를 전제한다. 일상적 인과성의 질서와 전혀 다른 어떤 질서가 우리에게 의미를 제시하고 있는 것일까? (Ferdinand Alquié, *Philosophie du surrealisme*, Paris, Flammarion, 1955, 141쪽).

6) 여기에서도 칸트의 미학 이론은 가장 진보적인 견해로 나아간다. 즉 아름다움이 도덕의 "상징"이라는 견해가 그것이다.

7) Benjamin Péret, *Le Déshonneur des poètes* (Paris: Pauvert, 1965), 65쪽, 1943년에 쓰여짐.

8) 흑백 급진주의자들의 언어에 흔한 "외설"들은 이러한 기존 질서의 언어적인 우주의 방법론적인 전복의 맥락에서 파악해야 한다. "외설들"은 권력이 취하는 구어나 문어적인 선언에 의해 공식적으로 채택되거나 제제를 받지 않는다. 그 용법은 잘못된 이데올로기적 언어들을 중지시키고 그 규정을 무효화한다. 그러나 위대한 거부의 정치적인 맥락에서만 외설은 이러한 기능을 수행할 수 있다. 예를 들어, 민족이나 국가의 지도자가 X대통령이나 Y장관으로 불리지 않고 X돼지나 Y돼지로 불리고 그들이 선거 운동 중에 하는 연설이 "꿱꿱"으로 표현된다면 이 공격적인 지시는, 그들이 공중의 이익만을 생각한다거나 그들이 공공의 하인이나 지도자라는 등의 아우라

로부터 그들을 탈각시켜 줄 것이다. 그것들은 급진적인 사람들의 눈에 비친 그대로 "재규정"된 것이다. 그리고 만약 그들이 입에 담기 힘든 오이디푸스적인 죄악을 범한 사람으로 표현된다면 이것은 그들이 자신이 만들어낸 도덕성의 법정에 기소된 것을 뜻한다. 즉 그들이 폭력으로 강화시키고 있는 질서는 죄의식으로부터 탄생한 것이다. 그들은 아버지를 죽이지 않고 어머니와 잠자리에 들었는데 이것은 오이디푸스보다는 덜 비난받을 행위지만 더 비열한 행위라는 죄목으로 말이다. 급진적인 사람들의 정치적인 언어에 있어 "외설"의 방법론적인 사용은, 체제 안에서 그리고 체제를 위해서 자랑스레 간직하고 있던 잘못되고 위선적인 이름을 말소함으로써 인간들과 사물에 새로운 이름을 부여하는 기초적인 행위이다. 그리고 만약 이같은 이름의 재부여가 성적인 부분을 연상시킨다면 그것은 문화의 탈승화라는 거대한 구상과 궤를 같이하는 것이다. 이것은 급진적인 사람들에게는 해방의 중요한 효과로 여겨진다.

9) B. Eikhenbaum, *Theorie de la Littérature*. 러시아 형식주의자들의 글, Tzvetan Todorov 편 (Paris: Édition du Seuil, 1965), 44쪽.

10) V. Chklovski, 같은 책, 83쪽.

11) 같은 책.

12) Franz Marc, "Der Blaue Reiter" (1914), in *Manifeste Manifeste 1905-1933* (Dresden: Verlag der Kunst, 1956), 56쪽.

13) Raoul Hausmann, "Die Kunst und die Zeit" (같은 책, 186쪽), 1919.

14) 같은 책, 188쪽.

15) 이것은 매우 유토피아적인 전망이지만 1968년 5월에 에콜

데보자르Ecole des Beaux Arts의 학생 투사들을 행동하게 만들 정도로 현실적이었다. 그들은 모든 개인들에게 내재되어 있는 창조적 행위를 인도할 의식의 발전을 요구했다. 그리하여 "예술 작품"과 "예술가"는 간단히 "이러한 행동의 계기들"이 되었다. 하지만 그것은 작품과 인간을 기념비로 만들어 버리는 사회 체제에서는 마비되었던 계기들이었다 (*Quelle Université? Quelle Societé?*, loc. cit., 123쪽).

3 이행에 있어 전복의 힘들

자유로운 사회 형식으로서의 "미학적인 형식"이라는 개념은, 만약 우리가 이러한 개념에 현실적인 내용을 부여할 선진 산업 사회의 하부 구조의 특정 경향들을 지시할 수 없다면 사실 과학적인 것에서 유토피아적인 것으로 사회주의적 발전을 역행시키는 것이 되고 만다. 하지만 우리는 반복하여 그러한 경향들에 대해 언급하였다. 무엇보다 육체적인 에너지의 필요가 감소되고 그것이 정신적인 에너지로 대체됨과 더불어 생산 과정에서 테크놀러지의 성격이 증대된다는 점이 그것이다. 이것은 노동의 탈물질화라고 할 수 있을 것이다. 동시에 더 이상 착취의 시스템으로 사용되지 않는, 점점 자동화되는 기계 시스템은 노동자를 생산 도구로부터 "거리를 두게" 만들어줄 것인데 이 점은 마르크스가 자본주의의 종말을 통해 예견했던 것이다. 즉 노동자는 물질적 생산의 "주요한 행위자"이기를 그만두고 그것의 "감시자나 조절자"가 될 것이다. 다시 말해 필연의 왕국에 자유로운 주체가 출현하는 것이다. 기존의 과학과 테크놀러지가 성취한 것만으로도 생산적인 상상력을 펼치는 것은 가능하다. 지금까지는 형식과 소재의 가능성은, 지배되지 않은 자연의 운명 안에 갇혀 있었다. 하지만 자연의 기술적 이행은 사물들을 가볍고 쉽고 이쁘게 만드는 경향을 갖는다. 즉 구체적인 것에 연연

하지 않는다. 소재는 점점 미학적인 형식에 민감하게 되고 종속되며 그럼으로써 자신의 교환 가치를 높이게 된다(예술적이고 현대적인 은행이나 사무실 건물들, 부엌, 매장, 그리고 판매원 등등). 자본주의 틀 내에서 무시무시하게 성장한 노동 생산성은 "사치품"의 생산이 항상 확대되도록 강제한다. 예컨대 군수 산업과, 기계 도구, 장치, 장식품, 신분적 상징물의 마케팅에서 흘러나온 쓰레기들을 생각해 보라.

선진 자본주의의 풍요와 매력을 위해 작용하는 생산과 소비의 이러한 동일 경향이 생존 투쟁의 영속화와, 불필요한 것을 위한 생산과 소비의 필요성의 증대를 위해 작용한다. 미국에서 소위 "재량 소득"이 커져간다는 것은 수입이 "기본적 욕구"가 아닌 다른 곳에 쓰여진다는 것을 말해 준다. 이전에는 사치품이었던 것이 기본적인 욕구가 된다. 즉 기업 자본주의에서는 생존을 위한 경쟁적인 업무로부터 새롭게 창출된 욕구와 만족으로 옮아가는 것이 정상적인 발전이다. 이처럼 모든 종류의 상품과 서비스가 빚어내는 환상의 결과로서 상상력은 하찮은 것이 되어 버리고 만다. 자본주의적 생산은 상품 형태에서 상상력을 제한하고 왜곡함으로써 인간 존재에 대한 위협을 확대시킨다. 하지만 분명히 이러한 상품 형태의 유포를 통해, 체제를 유지시키는 억압적인 사회 윤리는 점점 약화된다. 세계의 기술적인 이행의 해방 가능성들, 즉 가볍고 자유로운 삶을 한편으로 하고 삶을 위한 투쟁의 강화를 다른 한편으로 하는 이 분명한 모순은 기층민들 사이에 생성되어 공격성을 발산한다. 그 공격성은, 특정한 적을 증오하고 싸움을 벌이도록 방향지워지지 않았을 경우에는, 적당한 목표라면 무엇이라도 찾게 된다. 백인 혹은 흑인, 원주민 혹은 외국인, 유태인 혹은 기독교인, 부자 혹은 가난한 자 등으로 말이다. 이것은 단절된 경험과 잘못된 의식, 그리고 잘못된 욕구를 가진 자들의 공격성이다. 그들은 생존을 위해 억압적 사회에 의존하고 대안을 억압하는, 억압의 희생자들이다. 그들의 폭력은 기존 질서의 그것이며, 그것이 옳든 그르든, 자신들과 다르게 보이는, 대안을 대표하는 사람들을 표적으로 삼는다.

　　하지만 선진 산업 사회의 해방적 잠재력의 이미지는 억압적 경영인과 그들의 소비자들에 의해 억압되는(혹은 증오받는) 반면 급진적인 저항자에게는 동기를 부여하여 낯설고 비정통적인 성격을 가져다준다. 역사상의 이전 혁명과는 매우 다르게 이 저항자들은 기능을 잘하고 있는 번영된 사회의 전체성과 맞서고 있다. 즉 그 형태에 대한 저항이 그것이다. 이것은 인간과 사물의 상품 형태에 맞선, 잘못된 가치와 잘못된 도덕성의 부과에 맞선 저항이다. 이러한 새로운 의식과 본능적인 저항은 저항자를 대중, 조직화된 노동의 다수, 그리고 통합된 다수로부터 고립시키고 활동적인 소수를 위한 급진적인 정치에 집중하게 만든다. 주요하게는 젊은 중산층 지식인과 빈민굴의 주민들이 그들이다. 이들에게 있어 해방은 어떤 정치적인 전략이나 조직에 우선하는 시급한 "생물학적" 욕구가 된다.

중산층의 저항이 혁명적 계급으로서의 프롤레타리아를 대신한다고 말하는 것은 물론 터무니없는 말일 것이다. 또한 **룸펜 프롤레타리아**가 급진적인 정치 세력이 된다는 것도 터무니없는 말일 것이다. 지금 생겨나고 있는 것은 여전히 상대적으로 소규모로 허약하게 조직화된(종종 비조직화된) 집단들이다. 그 의식과 욕구 때문에 그들은, 자신의 계급적 출신에 의해 속하게 된 다수 속에서 저항의 촉진제 구실을 하고 있다. 이러한 의미에서 지식인 투사는 사실상 중간 계급을 떠나 있으며 빈민굴의 주민은 조직화된 노동 계급을 떠나 있다. 그러나 동시에 그 같은 특성으로 인해 그들은 진공 속에서 사고하고 행동하지 않는다. 그들의 의식과 목표는 억압받는 자의 공동 이익을 대표하게 된다. 이러한 공동 이익을 억압하는 계급의 법칙 및 국가의 이익에 대립하면서 낡은 사회에 대한 저항은 진정으로 국제적인 것이 된다. 그것은 새롭고 자발적인 연대성의 등장이다. 이 투쟁은 휴머니즘이나 인도주의의 이상과는 매우 거리가 멀다. 이것은 삶을 위한 투쟁이다. 주인이나 노예로서의 삶이 아닌 남성과 여성으로서의 삶 말이다.

마르크스주의 이론에서, 특정 중간 계급과 빈민굴 주민들로 저항이 한정되는 것(혹은 위축되는 것)은, 더 이상 견딜 수 없는 일탈로 나타난다. 즉 생물학적이고 미학적인 욕구를 강조하면서 부르주아로의 퇴행, 더욱 나쁘게는 귀족주의적인 이데올로기로의 퇴행으로 나타난다. 그러나 선진 독점 자본주의 국가에서 저항자의 이동(조직화된 산업 노동 계급에서 투쟁적인 소수자로의)은 사회의 내적인 발전에 기인한다. 이론적 "일탈"은 그러한 발전을 반영할 뿐이다. 표면적인 현상으로 등장하는 것은 변화의 상이한 전망뿐 아니라 전통적인 사회주의 이론에서 기대할 수 있는 것들 훨씬 너머에 자리한 변화의 폭과 넓이를 제시하는 기본적인 경향을 말해 준다. 이러한 관점에서 보면, 선진 자본주의의 통합력에 대항하는 저항자들의 허약함의 징표로 파악할 수 없는, 기층민들 사이에 유포된 전통적인 기초로부터 이동한 부정의 힘이 새로운 변화의 역사적 주체를 전면에 세우고 새로운 객관적 조건에 응답하면서, 질적으로 다른 욕구와 열망을 가진, 새로운 기초를 느리게 형성하게 될 것이다. 그리고 이러한 기초 위에서 (아마도 간헐적이고 예비적인) 목적과 전략은 의회 민주주의뿐만 아니라 혁명적 이행이라는 개념들을 재검토하는 형태를 취하게 될 것이다.

자본주의 구조의 변화는 잠재된 혁명적 힘의 발전과 그 조직을 위한 기초를 바꾼다. 전통적인 노동 계급이 자본주의의 "무덤을 파는 자"이기를 그만두게 되는 곳에서는 그 같은 역할이 공중에 떠버린듯 변화를 향한 정치적인 노력은 "실험적인" 것, 즉 시간적인 의미에서뿐 아니라 구조적인 의미에서도 예비적인 것이 된다. 이것은 행동의 "수신자들"은 물론 행동의 직접적인 목적과 경우가, 이론적으로 잘 기초되고 공들여 만들어진 전략에 의해서가 아니라 변화되는 상황에 의해 결정될 것이라는 것을 의미한다. 체제의 힘과 저항의 유포에 따른 직접적인 결과로서 주어지는 이 결정론은 또한 "주체적인 요인"에 중점이 두어짐을 함축한다. 의식과 욕구의 발전은 기본적인 중요성을 갖는다. 자본주의의 행정과 무의식적 동화 과정이 온전하게 수행되어지면 의식은 완벽하게 직접적으로 사회적 차원에서 결정된다. 즉 후자가 곧장 전자에 심어지는 것이다. 의식의 급진적인 변화는 이러한 환경에서 시작된다. 그 변화의 첫걸음은 사회적 존재의 변화, 즉 새로운 주체의 등장이다. 역사적으로 보면, 그것은 다시 물질적인 변화에 앞선 계몽의 시대이다. 그것은 교육의 시대이지만, 그 교육은 실천 ― 시위와 대치와 저항이라는 실천 ― 을 향한 교육이다.

사회 체제의 급진적인 이행은 여전히 생산 과정의 인간적 기초를 구성하고 있는 계급에 좌우된다. 선진 자본주의 국가들에서 그것은 산업 노동 계급이다. 산업 노동 계급의 구성 변화와 이 계급이 체제에 통합되는 정도는 잠재적인 의미에서가 아니라 현실 정치적인 의미에서 노동의 역할을 바꾸어 버린다. "즉자적"이 아니라 "대자적"으로, 주관적이 아니라 객관적인 것으로서의 노동 계급의 급진화는 계급 외부의 촉매에 좌우된다. 대중들의 급진적 정치 의식의 발전은 경제적 안정성과 체제의 사회적 응집력이 약화될 때 그 가능성을 상상해 볼 수 있다. 이러한 발전의 기초를 준비하는 것이 마르크스-레닌주의 당의 전통적인 역할이었다. 선진 자본주의의 안정과 통합의 힘, 그리고 "평화 공존"의 요구는 마르크스-레닌주의 당을 "의회주의화"시켰다. 즉 부르주아 민주주의적 과정에 통합시켰고 경제적 요구에 집중하게 만들었으며 그리하여 급진적 정치 의식의 성장을 증진시키기보다는 억제시켰던 것이다. 정치 의식이 당과 노동조합 기구를 뚫고 나올 때 거기엔 "외부적" 힘의 충격, 주로 지식인들로부터의 충격이 있었다. 노동조합은 이러한 운동이 추진력을 얻을 때에만 그 뒤를 따랐으며, 그나마도 다시금 통제력을 회복하기 위해서였다.

이 전략이 얼마나 합리적인가 혹은 기업 자본주의를 지탱하는 세력의 면전에서 자신의 힘을 보존하려는 이 필사적인 노력이 얼마나 분별 있는 일인가의 문제와 상관없이, 그것은 산업 노동 계급의 "수동성"과 그들의 통합 정도를 증명한다. 이것은 공식 이론들이 그리도 격렬하게 부정했던 사실들을 입증해 주는 것이다. 통합의 조건들 아래에서, 급진적인 변화를 향한 사활적인 욕구를 갖는 새로운 정치 의식이 생겨나는 것은 그 객관적인 기초 덕분에 통합과 보수적인 관심과 열망으로부터 (상대적으로) 자유롭고 가치의 급진적인 재평가에 대해 자유로운 사회적 집단들 사이에서이다. 이행의 기본 세력으로서의 역사적 역할을 잃지 않은 노동 계급은 안정된 시기에는 안정 지향적이고 보수적인 기능을 갖게 된다. 이때 이행의 촉매는 "외부로부터" 작용·한다.

이러한 경향은 노동 계급의 변화된 구성에 의해 강화된
다. 블루 칼라의 비율이 점점 줄어들고 화이트 칼라, 기술자,
엔지니어, 그리고 전문가의 수와 중요성이 커져감으로써 계
급이 분할된다. 그 의미는, 야만적인 착취에 정면으로 맞서
왔고 또 맞서고 있는 노동 계급이 생산 과정에서 차지하는
역할이 점차 감소하게 되리라는 것이다. 지식인은 이 과정에
서 점점 결정적인 역할을 획득하게 될 것이다. 비록 도구주
의적인 지식인이지만 어쨌든 그들은 지식인이다. 이 "새로운
노동 계급"은 그 위치 덕분에 생산 양식과 생산 관계를 분열
시키거나 재조직하거나 새로운 방향으로 가져갈 수 있을 것
이다. 그렇지만 그들은 그렇게 해야 할 이해 관계도 사활적
인 요구도 없다. 그들은 잘 통합되어 있고 높은 보수를 받고
있다.[1] 분명 독점적 경쟁과 노동 생산성의 강화를 위한 경쟁
은, 여전히 압도적인 힘을 가지고 있는 개인 자본주의 기업
의 여러 정책과 형태들과 충돌을 일으킬 테크놀러지의 변화
를 강요한다. 그리고 이러한 변화는 사회의 광범위한 부문을
(문화와 이데올로기에서조차) 기술 관료주의적으로 재조직
하도록 할 것이다. 그러나 그들이 과연 기층민으로 하여금,
특정 이익을 위한 이윤 생산의 기구에 복종하도록 하는 자본
주의 체제의 폐지로 이끌 것인가는 분명하지 않다. 그러한
질적인 변화는 기술 관료와는 매우 다른 욕구와 목적을 가진
집단에 의한 생산 기구의 통제와 그것으로의 방향 설정을 전
제로 할 것이다.[2] 기술 관료주의는, 그것이 얼마나 "순수한

가"와 관계없이, 지배의 지속을 지지하고 능률적으로 만든다. 이러한 치명적인 연결은, 테크놀러지와 기술을 자유로운 인간의 욕구와 목적에 봉사하도록 하는, 혁명에 의해서만 단절될 수 있다. 이러한 의미에서, 오직 이러한 의미에서 혁명은 기술 관료주의에 반反하게 될 것이다.

하지만 그러한 혁명은 의사 일정에 올라와 있지 않다. 기업 자본주의의 영역에서, 이행의 두 가지 역사적 요인인 주체적인 것과 객관적인 것은 부합하지 않는다. 이 두 가지는 서로 상이하고 심지어는 적대적이기까지 한 집단들에서 따로 우위를 점하고 있다. 객관적인 요인, 즉 생산 과정의 인간적 기초는 기존 사회를 재생산하면서, 인적 자원이자 착취의 저장고인 산업 노동 계급 안에 자리잡고 있다. 반면 주체적 요인인 정치적 의식은 비타협적인 젊은 지식인들 사이에 존재하고, 또한 변화를 향한 사활적인 욕구는 빈민굴의 주민과 후발 자본주의의 "혜택을 받지 못하는" 노동 계급의 영역의 삶에 자리잡고 있다. 이 두 가지 역사적 요인들이 부합하는 곳은 민족 해방 전선과 게릴라들이, 생산 과정의 기초를 이루는 계급의 지원과 참여를 받으며 싸우는 제3세계의 광대한 영역이다. 말하자면 주로 농업과 신흥 산업 프롤레타리아의 영역이다.

자본주의의 중심에서 우위를 점하고 있는, 급진적인 변화의 객관적 필연성이 대중의 마비 상태와 공존하는 배치는 전형적으로 반反혁명적이자 전前혁명적인 상황인 것처럼 보인다. 전자에서 후자로의 이행은 자본주의의 전 지구적 경제의 위태로운 허약함과, 정치적 작업의 강화와 확장이라는 급진적인 계몽을 전제로 한다. 이것은 곧 이 작업이 역사적인 의미를 갖는 준비적인 성격을 지닌다는 것을 말해 준다. 그것은 피착취자로 하여금 존재에 대한 노예적인 욕구, 즉 착취 체제에 대한 의존을 영속화하는 욕구에서 벗어나기 위한 의식(그리고 무의식)을 발전시키는 것이다. 이러한 단절이 없다면, 가장 초보적이고 가장 직접적인 저항의 힘도 패배하고 반反혁명의 대중적 기반이 되고 만다.

미국의 빈민굴 주민들은 그러한 힘을 구성한다. 작은 영역에 갇혀 삶과 죽음을 맞이하는 그들은 더욱 쉽게 조직화되고 지도되어질 수 있다. 더욱이 미국의 중심 도시에 자리한 빈민굴들은, 투쟁이 중대한 경제적·정치적 주요 지점을 목표로 상승할 수 있는, 자연 지리적 중심을 형성한다. 이러한 점에서 18세기 파리의 변두리에 비견할 수 있는 미국의 빈민굴의 위치는 대변동을 유포하고 "전염성 있게" 만드는 데 유리한 점을 가지고 있다. 잔인하고 무관심한 궁핍은 이제 점증하는 저항과 만나게 된다. 그러나 여전히 상당 부분 비정치적인 저항의 성격은 억압과 분열을 쉽게 허용한다. 인종적 갈등은 여전히 빈민굴을 그 외부의 동맹자들과 분리시킨다. 한편으로 백인들에게 죄가 있는 것도 사실이지만 그들이 저항자들이자 급진주의자라는 것도 마찬가지로 사실이다. 하지만 독점적 제국주의가 인종주의적 명제에 유효성을 부여하고 있다는 점 역시 사실이다. 그 때문에 유색 인종 주민들은 폭탄과 독약과 돈의 난폭한 힘에 더욱 종속되는 반면, 착취당하는 대도시의 백인 주민들은 전 지구적인 범죄의 협력자 및 수혜자가 되어 버린다. 계급 갈등이 인종 갈등에 그 지위를 빼앗기고 모습이 가려진다. 인종 차별이 경제와 정치의 현실이 되어 버리는 것이다. 그것은 후기 제국주의의 동력학과, 내부와 외부를 식민화하는 새로운 방법들을 향한 후기 제국주의의 투쟁에 뿌리를 두고 있는 발전이다.

흑인이 가진 장기적인 저항의 힘은 그들 계급 내의 깊은 분열(흑인 부르주아지의 등장)과 그들의 주변적인 사회적 기능(자본주의 체제의 관점에서)에 의해 더욱 위협받는다. 흑인 주민의 다수는 생산 과정에서 결정적인 지위를 점하지 못한다. 또한 백인 노동 조직은 그러한 상황에 변화를 줄 정도로 자신들의 방식을 적확하게 탈피하지 않았다. 체제가 가진 냉소적인 용어들을 사용해 보면 이들 주민의 상당 부분은 "소모"된다. 다시 말해 체제의 생산성에 아무런 본질적인 기여를 하지 않는다는 뜻이다. 그 결과 운동이 위험 수위에 이르면 권력들은 극단적인 억압을 행사한다. 사실로 남는 것은 지금 미국에서 흑인 주민들이 저항의 "가장 자연스러운" 세력으로 등장한다는 점뿐이다.

그들과 젊은 중간 계급 저항자들 사이에 놓인 거리는 모든 점에서 엄청나다. 이러한 거리들을 야기하는 공통된 이유는, 현존 사회와 그 가치 체계 전체에 대한 완전한 거부가 그들간의 명백한 계급적 차이로 인해 흐려지기 때문이다. 마치 백인 주민들 내부에서 학생들과 노동자들의 "진정한 이익"에 입각한 공동체가 계급 갈등에 의해 손상되듯이 말이다. 그러나 프랑스의 5월 혁명에서 이러한 공동체는, 공산당과 CGT(노동총연맹) 쪽의 맹목적인 금지 명령에 대항하여, 정치적 행동 속에서 상당한 규모로 자신을 실현했다. 이 공동의 행동은 노동자가 아닌 학생들에 의해 시작되었다. 이러한 사실은 계급 갈등의 저변에 자리한, 또한 계급 갈등을 가로지르는 저항의 깊이와 일치를 말해 준다. 학생 운동과 관련하여 보면, 선진 산업 사회 구조에서의 기본적인 경향은 그러한 이익 공동체의 점진적인 발전에 호의를 보인다. 물질적 생산의 광범위한 영역에서 기술적, 정신적 에너지로 고된 육체 노동을 대체하는 장기적인 과정은 과학적으로 훈련된 지적 노동자들에 대한 사회적 수요를 증가시키는 경향을 갖는다. 학생 인구의 상당 부분은 장래의 노동 계급, 즉 소모되지만은 않는, 또한 현존 사회의 성장에 중요한 "새로운 노동 계급"이다. 학생들의 저항은 이러한 사회의 취약점을 건드린다. 따라서 그에 대한 반응은 악의에 차고 폭력적이다.

　"학생 운동"이라는 용어 자체는 이미 이데올로기적이고 경멸적인 뜻을 담고 있다. 이 용어는 나이든 지식인과 비학생 인구로 이루어진 상당히 중요한 계층이 운동에 참여했다는 사실을 숨긴다. 이들 계층은 매우 다른 목표들과 열망들을 드러낸다. 실제로 교육 개혁이라는 일반적인 요구는 보다

넓고 근본적인 목적을 위한 직접적인 표현에 불과하다. 가장 결정적인 차이는 사회주의 국가 내의 저항과 자본주의 국가 내의 저항 사이에 놓여 있다. 전자는 사회의 사회주의적 구조는 받아들이지만 당·국가 관료주의의 억압적이고 권위주의적인 정권에는 저항한다. 반면 자본주의 국가에서 운동의 전투적인 (또한 분명히 점증하고 있는) 부분은 반자본주의자, 즉 사회주의자이거나 아나키스트이다. 더불어 자본주의 진영 내부에서도 파시스트와 군사 독재(스페인, 라틴 아메리카의 국가들)에 대한 저항은 민주주의 국가에서의 저항과는 다른 전략과 목표를 갖는다. 그리고 우리는 현대 세계에서 가장 경멸할 만한 대중 학살을 자행하는 데 동원된 학생 운동도 있다는 것을 잊지 말아야 한다. 인도네시아에서 수십만의 "공산주의자"를 학살한 사건이 그것이다. 이 범죄는 아직 심판받지 않았다. 이것은 학생의 행동주의가 지닌 해방적 기능의 유일하고 끔찍한 예외를 구성한다.

　파시스트적이거나 그와 유사한 나라들에서 전투적인 학생들(어디서나 이들은 소수자들이다)은 산업과 농업 프롤레타리아로부터 지원을 받는다. 프랑스와 이탈리아에서 그들은 불확실한 (또한 일시적인!) 도움을 힘 있는 좌파 정당과 노동조합으로부터 받았다. 서독과 미국에서 그들은 "민중"과 조직화된 노동자로부터 떠들썩하고 종종 폭력적인 환대에 마주쳤다. 그 이론과 그 본능과 그 궁극적인 목적에 비추어볼 때 혁명적인, 학생 운동은 혁명적인 힘이 아니다. 아마도 대중이 그들을 따를 능력과 의지를 갖지 않는다면 그들은 전위조차 되지 못할 것이다. 그러나 그들이 자본주의의 독점을 압도하고 억누르는 것은 희망을 불러온다. 즉 그들은 대안, 즉 진정한 욕구와 자유로운 사회의 진정한 가능성을 증명해 준다. 분명히 과격한 자들과 중립적인 자들, 온갖 종류의 신비주의로 도피한 자들, 좋은 바보들과 나쁜 바보들, 그리고 무엇이 일어나는지에 관심 없는 자들이 있다. 또한 인증되고 조직화된 사건happening이 있는가 하면 비타협주의도 있다.

당연히 시장은 이러한 저항에 침범하여 그것을 일종의 비즈니스로 만든다. 하지만 그것은 심각한 비즈니스이다. 문제가 되는 것은 다소 흥미 있는 참여자들의 심리학이나 종종 생겨나는 이상한 저항 형태가 아니다(이것은 매우 자주 기존 질서의 부조리한 합리성을 만들어 내며, 또한 어떤 심각한 논쟁이 만들어 내는 것보다도 더 투명한 대안에 대한, 반영웅주의적이고 감각적인 이미지를 만들어 낸다). 문제는 저항이 지향하는 바로 거기에 놓여 있다. 교육 시스템의 구조적인 개혁에 대한 요구(그 자체로 시급한 이 문제는 다음에 다룰 것이다)는, 현혹적인 중립성을 갖고 종종 고통스럽게 변명하는 교육에 반대하여, 학생들에게 물질적이고 지적인 문화에 대한 견고하고 철저한 비판을 위한 개념적 도구를 제공한다. 동시에 이 요구는 교육의 계급적인 성격을 폐지하고자 한다. 이러한 변화는, 풍요 사회의 끔찍한 특징들을 가리고 있는 이데올로기적이고 테크놀러지적인 베일을 벗기는 의식의 확장과 발전으로 이끌 것이다.

진정한 의식의 발전은 아직도 대학의 전문적인 기능이다. 그렇다면 학생 저항자들이, 조직화된 노동자의 상당 부분들을 포함한, 소위 "공동체community"라고 불리는 것으로부터 병적인 증오만을 얻게 된다는 것은 놀라운 일이 아니다. 대학이 공동체와 정부의 재정적, 정치적 후의에 의존하게 되는 한에 있어 자유롭고 비판적인 교육을 위한 투쟁은 변화를 위한 보다 큰 투쟁에 있어 사활적인 부분이 된다.

(과거에도 종종 그래 왔듯이) 오늘날 급진주의자들의 분열로 인해 대학 내에서 이질적인 "정치화"로서 교육의 "논리적"이고 내적인 동력학이 등장한다. 그것은 지식을 현실로 옮기고, 인간주의적인 가치를 존재의 인간적인 조건에 옮기려 한다. 학계의 허구적인 중립성에 사로잡힌 이러한 동력학에 대해서는, 예컨대 문명 사회에서의 위대한 비타협주의 및 현대 사회에 대한 비판적 분석에 적절한 표현법을 부여할 수 있는 교과 과정을 포함시키는 것이 해결책이 될 것이다. "당위"와 "존재," 즉 이론과 실천 사이에 다리를 놓는 기본 작업은 이론 자체에 놓여 있다. 지식은 인식론적인 의미에서 초월적(대상 세계를 향해, 실체를 향해)일 뿐 아니라 삶의 억압적인 형태에 저항한다는 점에서 정치적이다. 대학에서의 정치적 행동의 권리에 대한 부정은 이론과 실천 이성 사이의 분리를 영속시키고 지성의 유효성과 범위를 축소시킨다. 그

렇게 되면 교육의 요구는 운동을 대학 너머로, 거리로, 빈민
굴로, 그리고 "공동체"로 가져간다. 이러한 추동력은 사회 내
부에서 그리고 사회를 위해 성장하고 늙어가며, 효과적이고
"정상적으로" 업무를 수행하는 것에 대한 거부이다. (우리가
거부해야 할 것은 다음과 같은 사회이다).

· 주민의 대다수를 어리석고 비인간적이고 불필요한 직
  업을 통해 생계를 "벌어" 가도록 강요하는 사회.
· 빈민굴과 슬럼가 그리고 내외의 식민주의의 이면에서
  활기를 띠는 비즈니스를 이끌어 내는 사회.
· 폭력과 억압으로 가득 차 있는, 폭력과 억압의 피해자
  로부터 복종과 순종을 요구하는 사회.
· 그 위계 관계를 좌우하는, 이윤을 남길 수 있는 생산
  성을 유지하기 위해 쓰레기와 파괴에 막대한 자원을
  사용하며 순응적인 욕구와 만족을 방법적으로 더 창
  출해 내는 사회.

이 기능적이고 번영하는 "민주주의" 사회에 대항하는 저
항은 **도덕적인 저항**이 된다. 즉 위선적이고 공격적인 가치와
목적에 대항하는, 사회의 불경스러운 종교에 대항하는, 사회
가 진지하게 여기는 모든 것에 대항하는, 또한 자신이 공언
한 것에 폭력을 행사하는 사회에 의해 공언된 모든 것에 대
항하는 저항이다.

전통적인 계급적 기반을 갖지 않은, 정치적이고 본능적이며 도덕적인 저항으로서 이러한 저항의 "비정통적인" 성격은 저항의 전략과 범위를 형성한다. 그것은 현존하는 자유의회주의적 민주주의의 모든 조직으로 확산된다. 신좌파들가운데는 전통적인 정치에 대한 강한 혐오감이 팽배해 있다. 즉 모든 수준의 정당, 위원회, 압력 단체의 전체 네트워크에대해, 이러한 네트워크 내부에서 그것들의 방법들에 따라 작용하는 것에 대해 강한 혐오감이 팽배해 있다. 이러한 전체영역, 그리고 그것을 감싸고 있는 분위기는 그 모든 권력과더불어 무효화된다. 정치가, 국회의원, 혹은 후보자들이 선언한 어떤 것도 저항과 아무런 관련이 없다. 설사 저항자들은자신들이 패배당하고 감옥에 가거나 직업을 잃게 되리라는것을 잘 안다고 하더라도 그들의 선언을 심각하게 받아들일수 없다. 그들은 전문적인 순교자가 아니다. 그들은 패배당하거나 감옥에 가거나 직업을 잃지 않는 것을 선호한다. 하지만 그들에게 있어 이것은 선택의 문제가 아니다. 저항과거부는 그들의 신진대사의 부분들이다. 그리고 그것들은 전체 권력 구조로까지 확장된다. 그러나 이러한 구조에 의해조직화된 민주적인 과정은 전혀 오염되지 않은 것으로부터추출될 수 없기 때문에 의혹의 대상이 된다. 더욱이 이러한과정을 채택하면서 그 힘은 달팽이처럼 느린 운동들로 분산된다. 예를 들어, 지금의 발전 정도에 입각하여, 정치적 급진화의 노력이 억제되지 않고 지속된다고 볼 때, 미국 의회의 구성에 심대한 변화를 주려는 목적을 가진 선거 운동은 백년은 필요로 할 것이다. 그리고 최하급 법원에서 최상급 법원에 이르는 법원의 수행력은 주어진 민주적 헌법 구성에 대한 불신을 완화시키지 않을 것이다. 이러한 상황 하에서 현존하는 민주주의의 발전을 위해 일하는 것은 자유로운 사회를 창출하려는 목적이 끊임없이 지연되는 것으로 나타난다.

따라서 저항의 어떤 부분들에서는 급진적인 저항이 도덕률 폐기, 무정부주의, 심지어 비정치적인 것으로 되어 가는 경향을 갖는다. 여기에 저항이 종종 기묘하고 우스꽝스러운 형태를 취하여 기존 질서의 신경을 자극하는 또 다른 이유가 있다. 섬뜩할 정도로 심각한 제도화된 정치의 전체성의 면전에 퍼붓는 풍자, 아이러니 그리고 웃음의 도발은 새로운 정치에 있어 필수적인 차원이 된다. 전문적이거나 반쯤 전문적인 정치가들의 말과 행동에 스며들어 있는, 따분하기 그지없는 심각한 정신*esprit de sérieux*에 대한 경멸은 그들 자신이 공언한 가치에 대한 경멸로 나타나 그들을 파괴한다. 저항은 바보들의 배꼽을 잡고 웃는 웃음과 냉소적인 반항을 부활시켜 전체를 지배하는 심각한 자들의 행동으로부터 가면을 벗겨낸다.

이처럼 현존하는 민주주의적 과정과 제도로부터 급진적 저항이 소외되는 것이 민주주의라는 것(부르주아 민주주의, 대의代議 정치)을, 그리고 자본주의에서 사회주의로의 이행, 즉 일반화시켜 말해 자유가 없는 사회에서 자유로운 사회로의 이행에 있어 민주주의의 역할을 전반적으로 재검토해야 한다는 것을 의미한다. 전반적으로 마르크스주의 이론은 이행에 있어, 혁명의 단계에서조차, 부르주아 민주주의의 역할에 대해 긍정적인 평가를 내린다. 시민의 권리와 자유에 대한 헌신 덕분에 부르주아 민주주의는 의견 대립을 발전시키고 조직화하는 데 유리한 토대를 제공한다. 이것은 여전히 사실이지만, 민주주의 틀 내에 자리잡은 "방어적인" 성격들을 깨뜨리는 힘이 추진력을 얻어 가고 있는 것도 사실이다. 독점 자본주의에 의해 발전된 대중 민주주의는 자신의 이미지와 이해利害에 따라 승인하는 권리와 자유를 형성해 왔다. 민중의 다수는 그들의 지배자들의 다수이다. 그 변형은 쉽사리 "봉쇄"되어지며, 집중화된 권력은, 기존 질서의 규범과 방식에 응하기만 하면(약간 그것을 넘어서는 경우라도) 급진적인 저항도 관용(혹은 옹호하기까지)할 수 있다. 그리하여 저항은 자신이 반대하는 바로 그 세계로 흡수되어 버린다. 게다가 그것은 저항이 발전하고 조직되는 것을 허용하는 바로 그 메커니즘에 따라 이루어진다. 대중적 기반이 없는 저항이 그러한 대중적 기반을 획득하기 위해 노력하는 와중에 좌절하는 것이다. 이러한 환경에서 민주주의적 합법성의 규범과 방법에 따라 작업하는 것은 지배 권력 구조에 투항하는 것으로 나타난다. 그럼에도 불구하고 기존 질서의 틀 내에서 시민의 권리와 자유의 방어를 포기하는 것은 치명적인 것이 될 것이다. 독점 자본주의는 국내와 국외에서 자신의 지배를 확장하고 강화하도록 강요받기 때문에 민주주의적 투쟁은 현존하는 민주주의 제도들과 점점 더 많은 갈등에 휩쓸리게 될 것이다. 꿈쩍 하지 않는 장벽과 같은 제도, 그리고 보수적인 동력학과의 갈등 말이다.

민주주의와 유사한 과정은 필연적으로 급진적인 변화를 반대하는데, 그것은 이 과정이, 지배의 이해 관계가 현 상태를 통해 만들어낸 의견을 자신의 견해로 갖는 대중의 다수를 생산하고 지탱하기 때문이다. 이러한 조건이 지배적인 한에서, 일반 의지는 항상 잘못된 것이라는 언명은 의미를 갖게 될 것이다. 즉 일반 의지는 좀더 인간적인 생활 방식으로의 가능한 이행에 객관적으로 반대하는 한에서 잘못된 것이다. 분명, 설득의 방법은 소수들에게도 열려져 있다. 그러나 유포되어 있는 평등과 페어 플레이에 대한 환영적인 믿음을 지지하는 저항에 호의를 표하는 건전한 간주곡에 맞추어 밤낮이고 지배의 이익만을 떠들어대는 대중 매체에 동일하게 접근할 수 있을 만큼의 거대한 재원을 소수의 좌파들이 가지고 있지 않다는 점에서 그러한 가능성은 치명적으로 줄어든다. 하지만 설득을 통해 조금씩 적대적인 다수를 줄여 나가는 지속적인 노력이 없다면 저항의 미래는 지금보다 훨씬 어두울 것이다.

민주주의의 변증법 : 민주주의가 자유로운 민중이 모두를 위한 정의로 스스로를 지배하는 것을 의미한다면, 민주주의의 실현은 현존하는 허위의 민주주의를 폐지하는 것을 전

제로 삼아야 할 것이다. 따라서 기업 자본주의의 동력학에서 민주주의를 위한 투쟁은 반反민주주의적 형태를 취하는 경향을 갖는다. 그리고 모든 차원의 민주주의적 결정이 "의회"에서 결정되는 한에서 저항은 의회의 외부에서 이루어지는 경향을 가질 것이다. 헌법이 공언한 억압받는 소수의 일상적 권리와 자유를 확장하려는 운동은, 현 상태의 권리와 자유를 유지하는 것이라고 해도, 평등과 정의에 대한 "과장된" 해석과 적용에 대항하는 다수의 완강한 저항에 부합하는 정도에 따라 "전복적"이 될 것이다.

특정한 형태의 정부나 특정한 사회 내의 조건에 반대하는 것이 아닌 주어진 사회 체제 전체에 반대하는 저항은 합법적인 것이 될 수 없다. 왜냐하면 그것이 반대하는 것은 기존의 합법성과 기존의 법이기 때문이다. 불평불만을 해소하고 법률을 바꾸기 위해 제공된 민주주의적 과정은 제도화된 민주주의에의 저항에 내재된 비합법성을 변화시키지 못한다. 제도화된 민주주의는 현존 체제가 파괴될 것 같은 단계에서는 변화의 과정을 중단시킨다. 단단히 고정된 이러한 안정 장치 혹은 "조절자" 덕분에 자본주의적 대중 민주주의는 아마도 그 어떤 형태의 정부나 사회보다도 높은 정도로 자기 영속적일 것이다. 또한 그럴수록 그것은 공포나 궁핍에 의존하는 것이 아니라 효율성과 부富에, 그리고 기층과 피지배 주민들 다수의 의지에 의존한다. 이러한 새로운 상황은 저항의 권리라는 오랜 문제를 직접적으로 제기하고 있다. 정당성을 요구하고 있는 것은 기존 체제에 대한 저항이 아니라 기존 체제라고 말하는 것이 가능할까? 이것은 시민 사회가 자신을 토대로 세워진 기능들, 말하자면 사회적 필요와 생산을 위한 억압 체계를 자신의 현존 형식을 통해 충족시키지 못할 때 해체되어 버린다고 여기는 사회 계약 이론들이 함축하고 있는 내용으로 보인다. 이론적으로 이러한 기능들은 철학자들에 의해 정해진 것이다. 현실적인 지향을 가진 철학자들은 "정부의 목적"을 재산과 교역과 상업의 보호로 규정하지만, 이상주의적 철학자들은 이성과 정의와 자유의 실현(그 어떤 것도 소홀하게 처리됨이 없이, 설사 물질적이고 경제적인 측면이 최소화되더라도)이라고 말한다. 이 양대 학파에 있어 정부가 실제로 이러한 "목적"을 실현하는가에 대한 판정과 그 판정에 대한 기준은 항상 특정한 국민 국가(혹은 국민 국가의 유형)에 제한되었다. 존경할 만한 이들 철학자들은 이 점을 항상 고려했다. 그리하여 한 국민 국가의 안전, 성장, 그리고 자유가 다른 국민 국가의 불안전, 파괴 혹은 억압을 내포한다는 사실 때문에 국민 국가의 규정이 무효화되지 않게끔 했다. 또한 재산권의 보호와 이성의 실현이 주민 대부분을 가난과 노역의 상태에 머물게 하더라도 기존의 정부가 복종을 요구할 권리를 상실하지 않게끔 했다.

현 시기에 "정부의 목적"에 대한 질문은 수그러들었다. 지속적으로 사회가 기능한다는 점이 그것의 합법성과 복종에 대한 요구를 정당화시키는 데 충분해 보인다. 이때 "기능하다"란 시민 전쟁, 집단적 무질서, 경제적 붕괴가 없는 상태로서, 부정적으로 규정되는 것처럼 보인다. 즉 이러한 기능이 없다면 군사 독재, 금권 정치, 폭력단과 부정에 좌우되는 정부 등 무엇인가가 생겨날 것이라는 것이다. 인종 말살, 전쟁 범죄, 반인륜적 범죄 같은 것은, 국내에서는 재산권과 교역과 상업을 보호하면서 국외에서는 파괴적인 정책을 실행하는 정부에 저항하는 효과적인 주장이 될 수 없다. 그리고 사실상 헌법에 기반한 정부로부터 그 합법성과 적법성을 탈취할 수 있는 강제법은 존재하지 않는다. 그러나 그것은 현 상태에 봉사하는 (강제적인) 법만이 존재한다는 것을 말해 준다. 또한 같은 이유에서 그러한 봉사를 거부하는 자들은 그들이 법과 실제로 충돌하지 않아도 법의 왕국의 외부에 사는 자들이라는 것을 말해 준다.

부조리한 상황은 이렇다. 기존의 민주주의는 여전히 변화에 대해 하나의 합법적인 틀을 제공하고 있다. 따라서 이러한 틀을 제한하려는 우파와 중도파의 어떤 종류의 시도도 막아내지만 동시에 기존의 민주주의의 보존을 통해 현 상태를 유지하며 변화를 봉쇄한다. 동일한 모호함의 또 다른 측면은, 급진적 변화는 대중적 기반에 좌우되지만 급진적인 변화를 위한 투쟁이 한 걸음씩 전진할 때마다 저항은 대중으로부터 고립되며 억압의 강화를 유발한다는 점이다. 저항에 대한 제도화된 폭력의 동원으로 인해 급진적인 변화의 전망은 더욱 감소된다. 프랑스 학생 운동의 여파로 반동이 선거에서

좌파를 누르고 승리를 거둔 후『위마니테』는 다음과 같이 썼
다(『로스앤젤레스 타임즈』, 1968년 6월 25일자). "바리케이드와
불타버린 차들 전체가 수만 표를 드골의 정당에 가져다주었
다." 이것은 전적으로 정확한 이야기이다. 즉 바리케이드와
불타는 차들이 없다면 지배 권력은 더욱 안전하고 강해질 것
이고, 의회의 게임에 흡수되고 제한된 저항이 자신들이 기반
하고 있는 대중을 더욱 무력화하고 진정시키리라는 진술이
당연한 만큼, 이 진술 역시 전적으로 정확하다. 그렇다면 결
론은 무엇인가? 급진적인 저항이 취하는 직접적이고 탈의회
적인 행동인 난폭한 불복종은 패배에 직면한다. 하지만 그러
한 패배의 위험을 감수해야만 하는 상황들이 존재한다. 만약
그렇게 함으로써 급진적인 저항이 자신의 힘을 다지는 동시
에 반동적인 체제에 시민이 복종하는 것이 지닌 파멸적인 성
격을 폭로할 수 있다면 말이다.

　　부르주아 자유주의의 법과 질서를 반혁명적 힘으로 사용
하는 것이 기업 자본주의의 민주주의적 체제가 가진 객관적
이고 역사적인 기능이라는 점은 명백하다. 따라서 급진적인
저항에 직접적인 행동과 난폭한 불복종의 필요성이 부과되
는 한편, 저항은 자신보다 훨씬 우세한 힘에 대적하게 된다.
이러한 상황 하에서 저항자들이 취하는 직접적인 행동과 난
폭한 불복종은, 기업 자본주의의 간접 민주주의에서 선거와
대표제가 더 이상 지배의 제도로서 봉사하지 않는 직접 민주
주의로 이행하는 데 있어 통합적 부분들이 된다.[3] 지배의 제

도에 반하는 직접적인 행동은 민주화의 수단이 되고, 그것은 기존 체제 내부에서조차 그러하다. 기존 체제의 전체 권력은 (역사상의 모든 저항 중 가장 허약하고 산만한) 학생 운동을 침묵시키지 못했다. 그리고 정부가 베트남 전쟁에 대한 입장을 바꾼 것이 의회나 갤럽의 여론 조사가 아니라 학생들과 그 저항 때문이었다는 것에는 충분한 이유가 있다. 조직화된 노동이 기억에 가하는 억압을 순간 돌파하고, 짧은 순간이나마, 총파업과 공장 점거, 그리고 적기와 인터내셔널의 역사적인 힘을 상기시켜준 것은 파리 학생들의 난폭한 불복종이었던 것이다.

선택으로 주어지는 것은 민주적 발전 대 급진적 행동이 아니라 현 상태의 합리화 대 변화이다. 독트린의 주입과 통합에 의해 사회 체제가 재생산되는 한에서, 자기 영속적인 보수적 다수로서의 다수는 제도적인 틀 내부에서, 하지만 그것을 넘어서지는 않은 채 변화를 허용하며 체제 자체를 재생산한다. 결국 체제를 넘어서는 변화를 위한 투쟁은 그 동력학 덕분에 체제의 관점에서는 비민주주의적인 것이 된다. 또한 대항적 폭력은 처음부터 이러한 동력학에 내재되어 있다. 따라서 급진적인 자들은 항상 죄를 짓는다. 현 상태의 권력에 투항하든 현 상태의 법과 질서를 어기든 말이다.

하지만 합법적으로 설립된 기관, 혹은 관리, 또는 민중의 다수가 아니면 누가 기존 사회의 심판자로서 자신을 설정할 권리를 가질까? 그들이 아니라면 자칭 엘리트나 그런 심판권을 참칭하는 지도자만이 가능할 것이다. 사실상 선택이 민주주의와 독재(그것이 얼마나 "자비"를 허용하든 간에) 사이에서 결정되어야 한다면 그에 대한 해답을 도출하는 것은 논쟁이 필요 없을 것이다. 당연히 민주주의가 낫다. 그렇지만 이러한 민주주의는 존재하지 않는다. 정부는 사실상 압력 단체와 "기구들"의 네트워크에 의해 움직여 가고 있으며, 민주주의의 제도들에 의해 대표되고 작동되는 기득권에 귀속되어 있다. 민주주의는 주권을 가진 민중으로부터 파생되지 않는다. 대의제는 소수의 지배자들에 의해 형성된 의지를 대표한다. 결과적으로 선택이 어떤 엘리트에 의한 통치라면, 그것은 현재 통치하고 있는 엘리트를 다른 엘리트로 대체하는 것에 지나지 않는다. 또한 이렇게 선출된 자가 경외감을 불러일으키는 지성적 엘리트여야 한다면 그는 기존의 엘리트보다 자격을 덜 갖추거나 덜 위협적이지 않을 것이다. 비록 그러한 정부가 처음에는 이전의 정부로부터 "물려받은" 다수로부터의 승인을 받지 않았더라도 말이다. 그러나 일단 과거 정부로부터의 연결고리가 끊어지면, 다수는 흐름의 상태에 놓이게 되며 과거의 관리 방식에서 풀려나 새로운 공동 이익에 입각하여 자유롭게 새로운 정부를 판단할 것이라는 점은 분명하다. 분명 이것이 어떠한 종류의 혁명이 거쳐 왔던 과정은 아니었다. 그러나 동시에 생산성과 기술적 진보의 현재적 성과를 자신의 재량 하에 두는 혁명은 한번도 일어나지 않았다는 점 역시 분명하다. 물론 그것은 효과적으로 또 다른 억압적 통제를 위해 이용될 수 있다. 그러나 우리의 전체 논의는 혁명이 현존 사회를 동요케 하는 비억압적인 힘에 의해 수행될 때만 해방을 가져다줄 것이라는 명제에 기반하고 있다. 이 명제는 희망 이상도 이하도 아니다. 희망이 실현되기 전까지 그것의 판단자는 자신의 의식과 양심으로 정당화 legitimation를 수행하는 개인, 개인들일 수밖에 없다. 그들은 특수하고 우발적인 선호와 이해 관계를 가진 사적 개인을 넘어서는 다른 종류의 개인이다. 그들의 판단은 독립적인 사유와 정보에 기초해 있는 만큼 주체성을 초월한다. 즉 합리적 분석과 그들 사회의 진보에 기초해서 말이다. 그러한 합리성을 영위할 수 있는 다수의 개인들의 존재는 민주주의 이론이 기반하고 있는 전제이다. 기존의 다수가 그러한 개인들로 구성되지 않는다면, 그들은 주권적인 민중으로서 사고하고 소망하고 행동하지 않는다는 것을 의미한다.

권리와 권리의 충돌에 관한 낡은 이야기를 해보자. 현 사회의 양성적positive이고 성문화된, 집행 가능한 권리와, 역사에서 인간 실존의 한 부분을 이루는 음성적negative이고 문서화되지 않은, 집행이 불가능한 초월적인 권리, 즉 덜 타협적이며 덜 죄에 물들은, 그리고 덜 착취하는 인간성을 주장하는 권리 간의 충돌에 대해서 말이다. 이 두 개의 권리는 기존 사회가 그 기능에 따라 착취와 죄악에 의존하는 한에서 폭력적인 갈등 관계로 들어가게 된다. 저항은 사태를 방어하고 유지하는 수단을 가지고는 이러한 사태를 바꿀 수 없다.

그 너머에는 이상가와 공격적인 자들이 존재한다. 그리고 공격적인 행동을 펼치기 위해 권리를 요구하는 그들은 현존 사회의 법정에 서기도 전에 그들의 행위에 대해 답변하지 않을 수 없게 된다. 질서를 규정하고 심지어는 기존 질서의 평화를 교란하는 것까지도 정당화시키는 기존 질서의 전복은, 양심도 이상에 대한 헌신도 정당화하지 못한다. 평화를 철폐하고 살인과 폭력을 조직하는 법적인 권리는 오로지 기존 체제만이 가지고 있다. 기존 사회의 언어로 "폭력"이라는 단어는 경찰, 주방위군, 육군 원수, 해병대, 폭격기에는 적용되지 않는다. "나쁜" 단어들은 선험적으로 적敵에 대해 마련된 것이다. 그것의 의미는 동기와 목적이 무엇인가에 상관없이 적의 행위를 통해 규정되고 비준된다. 그 목적이 아무리 "선한" 것이라 할지라도 비합법적인 수단은 정당화되지 않는다.[4]

　"목적이 수단을 정당화한다"는 명제는 사실상 일반적인 진술로서는 용납할 수 없는 것이다. 그러나 그것의 부정도, 일반 진술로서는, 용납할 수 없는 것이다. 급진적 정치의 실천에 있어, 그 목적은 기존의 담론과 행동의 세계와는 다르거나 반대되는 세계에 속한다. 그러나 의미는 여전히 기존의 담론과 행동의 세계에 속하고 그것에 의해 판단되어진다. 즉 그 목적이 무효화시키려는 바로 그 용어에 의해서 말이다. 예를 들어, 공공연히 국가의 이익이라는 명목으로 저질러지는 인간성에 반하는 범죄를 중단시키려는 목적을 가진 행동을 생각해 보라. 이러한 목적에 도달하는 수단은 조직화된 시민의 불복종의 행동이다. 기존의 법과 질서에 따르면 유죄 판결을 받고 처벌되는 것은 그러한 범죄가 아니라 그러한 범죄를 중단시키려는 시도이다. 즉 행동이 고발하려는 바로 그 기준에 의해 그 행동이 판단되어진다. 현존 사회는 자신의, 즉 사회의 용어들을 통해 초월적인 행동을 규정한다. 그것은 자기 스스로 가치를 부여하는, 전적으로 합법적이며 이러한 사회를 위해 필요하기까지 한 과정이다. 주권의 가장 효율적인 권리의 하나는 단어들에 집행력 있는 규정들을 부여하는 것이다.[5]

정치적 언어학: 기존 질서의 갑옷. 급진적 저항은 자신의 언어를 발전시켜 자발적이고 잠재의식적으로 지배와 중상中傷의 가장 효과적인 "비밀 무기" 중 하나에 저항하게 된다. 법정과 경찰에 의해 정당함을 인정받는 지배적인 규범과 질서는 억압의 목소리이자 행동이다.[6] 이 언어는 적을 규정하고 규탄할 뿐 아니라 적을 **창조**하기도 한다. 그리고 이러한 창조물은 실제로 존재하는 적이 아니라 기존 질서에 맞춰 기능을 수행하기 위해 그렇게 되어야 하는 적이다. 이제 목적이 수단을 정당화한다. 행위가 "자유 세계"를 유지하고 확장하는 데 기여하면 더 이상 범죄가 아니다. 역으로 적이 수행하는 것은 사악하다. 적이 말하는 것은 프로퍼갠더이다. 이 선험적인 언어학적 중상은 우선 외국의 적을 공격한다. 그들이 자신의 나라, 자신의 오두막, 자신의 적나라한 삶을 옹호하는 것은 일종의 죄이고, 최고의 죄는 최고형을 받게 된다.

오래 전에는 특수 부대는 물론 비특수 부대까지도 죽이고 불지르고 심문하는 것을 육체적으로 훈련받았다. 그들의 마음과 육체는 타자에게서 인간이 아닌 짐승을 보고 듣고 냄새 맡도록 이미 둔감해져 있었다. 짐승은 완전한 처벌의 대상이었다. 언어학적 유형은 지속적으로 되풀이된다. 베트남에서는 미국의 "전략적 군사 행동"에 "전형적으로 악에 물든 공산주의자의 폭력"이 가해진다. 빨갱이들은 "기습 작전"을 행하는 뻔뻔스러움을 가지고 있으며(분명 그들은 사전에 그것을 공지하고 야외에서 작전을 전개했을 것이다), 미국인들은 "죽음의 덫"을 피해야 한다(분명 그들은 그 안에 숨어 있을 것이다). 베트콩은 "죽음 같은 밤에" 미국의 병영을 공격하여 미국의 병사들을 살해한다(그렇다면 미국인들은 대낮에만 공격을 하기 때문에 적의 수면을 방해하지 않고 또 베트남 병사들을 죽이지도 않았을까). (인도네시아에서) 수십만의 공산주의자들을 학살한 사건은 "인상적"이라고 불린다. 그것에 필적하는 "살인율"이 다른 곳에서 발생했다면 분명 그러한 형용사가 명예를 부여하는 역할을 하지 않았을 것이다. 중국에게 있어, 동아시아에 미군이 주둔하는 것은 그들의 "이데올로기"에 대한 위협이다. 하지만 중국의 군대가 중앙 아메리카나 남아메리카에 주둔했다면 그것은 미국에 대해 단지 이데올로기적인 것으로 그치지 않는 실제적인 위협이 되었을 것이다.

　적마저 일상적 대화의 상투성에 통합시키는 언어의 세계

는 행동을 통해서만 극복할 수 있다. 폭력이 이 사회의 구조 자체에 세워졌기 때문이다. 기업 자본주의의 모든 영역에서 삶의 업무를 몰아가는 축적된 공격성처럼, 고속도로에서의 합법적 공격성처럼, 그리고 희생자들이 이 세계의 비참한 자들 — 자유 세계의 자본에 의해 아직 문명화되지 않은 자들 — 일수록 더 잔인해지는 것 같은 해외에 대한 이 국가의 공격성처럼 말이다. 오래 전부터 이러한 공격성의 동원에 있어, 정신적 힘은 체제의 정치 경제학적 요구들에 봉사하도록 활성화되어 왔다. 즉 적은 더럽고 병이 만연해 있기 때문에 인간이라기보다는 동물이며, 전염성이 있기 때문에(도미노 이론!) 청결하고 조용하며 건강한 자유 세계를 위협한다는 것이다.[7] 그들은 독극물을 처리하듯 물과 연기로 소독하고 태워 버려야 한다. 그들의 불결한 정글도 태워 버려야 하며 자유와 민주주의를 위해 깨끗하게 되어야 한다. 적은 이미 청결한 세계의 내부에 "제5열"(수단과 방법을 가리지 않고 적의 단결을 깨뜨리려는 비밀 집단 — 옮긴이)을 배치해 두었을지도 모른다. 공산당과 히피들, 그리고 긴 머리와 턱수염, 그리고 더러운 바지를 입은 부류의 자들이 바로 그들이다. 성관계가 문란한 그들은, 살인과 폭격과 방화를 저지를 때조차 청결하고 정돈된 사람들이 거부하는, 자유를 가진다. 아마도 중세 시대 이후로 축적되어 온 억압이 이처럼 전 지구적 규모로, 대의제 체제 외부의 사람들, 말하자면 국내와 국외의 "국외자들outsiders"을 상대로 조직된 공격성을 분출한 적은 결코 없었을 것이다.

허가받은 공격성의 규모와 강도 앞에서, 합법적인 폭력과 비합법적인 폭력의 전통적인 구별은 의문의 대상이 되어 버린다. 만약 합법적인 폭력이, "화해"와 "해방"이 말해지는 일상의 삶 속에, 전면적인 방화와 독살, 폭격까지 포함시킨다면, 급진적 저항의 행동들은, 그것이 얼마나 비합법적인가에 상관없이, 폭력과 동일한 이름으로 불려질 수 없을 것이다. 그 범위와 정도에 있어, 빈민굴이나 대학, 그리고 도시의 거리에서 반역자들이 행한 탈법적인 행동과, 베트남, 볼리비아, 인도네시아, 과테말라 등에서 질서의 힘으로 범해진 행위 간에 의미 있는 비교가 가능할까? 시위대가 저항하는 대상이, 수없이 많은 인간들의 삶을 훨씬 효과적으로 방해하는 법과 질서를 가진 무장력이라면, 시위대가 대학과 징병위원회, 슈퍼마켓, 교통 흐름을 방해하는 것을 공격적이라고 부르는 것이 의미를 가질까? 이 경우에서도 볼 수 있듯이 야만적인 현실은 용어를 재규정한다. 기존의 용어는 선험적으로 저항을 차별함으로써 기존 질서를 보호한다.

"법과 질서." 이 말은 언제나 불길한 소리로 들린다. 합법화된 힘의 필연성과 그것이 내뿜는 공포 전체가 이 문구 안에서 압축되어 있고 허용되고 있는 듯이 말이다. 법과 질서, 강제적인 법과 질서가 없다면 인간 관계는 존재할 수 없고, 오로지 인간 관계의 선과 악의 정도 차이만이 존재할 뿐이라는 것이다. 합법적인 것에 따르면 가난한 자들, 억압받는 자들, 그리고 미쳐버린 자들, 즉 이들 복지의 희생자로부터 기존 사회를 보호하기 위해 조직화된 폭력이 요구된다. 또한 기존의 법과 질서가 합법적으로 복종과 순종을 요구할 수 있는(그리고 명령할 수 있는) 정도는 그 같은 법과 질서가 자신의 기준과 가치에 따르고 동의하는 정도에 크게 좌우된다(혹은 좌우되어야 한다). 우선 이것은 이데올로기적(마치 혁명적 부르주아지에 의해 발전된 자유, 평등, 박애의 사상처럼)일 수 있지만, 이데올로기는 그 가치가 사회적 현실 속에서 배신당하고 타협되고 부정될 때에는 저항의 갑옷을 입고 중요한 정치력이 될 수 있다. 그렇게 되면 배신당한 약속은 합법성에 대한 요구와 더불어 소위 저항에게 "양도"되어진다. 이러한 상황에서 법과 질서는 기존의 법과 질서에 **반하는** 기존의 어떤 것이 된다. 현존 사회는 합법성을 잃고 불법적인 것이 되어 간다. 즉 자신의 법을 무효화시킨다. 역사적인 혁명은 바로 그런 동력학을 가지고 있었다. 그것을 무한정 억제할 수 있는 방법을 보기란 쉽지 않을 것이다.

주

1) 1967년 6월 15일, 『뉴욕 타임즈』에 "싱크탱크: 비영리 목적의 응용 연구가 상당한 수익을 낳고 있다"라는 제목으로 실림. 이 기

사는 1년에 2,900만 달러를 벌어들이는 일리노이 기술연구협회에 대한 것이다(sic). 기자는 "수백 명의 엔지니어들 가운데" 한 명을 인터뷰하여 다음과 같이 인용하고 있다. "이 직업에는 엄청나게 많은 수요가 있습니다… 제가 진정 사랑하는 것은 최경량의 구조입니다… 그러나 저는 최소 경비의 구조에 대해 혹은 어떻게 하면 러시아 인들을 잘 죽일 것인가에 대해 연구하려 합니다. 왜냐하면 이 조직은 잘 팔리는 것을 연구해야만 생존할 수 있기 때문이죠." 그 자체로는 아무 가치가 없고 언어 분석에나 매우 요긴할 것 같은(사랑하다, 죽이다, 연구하다, 잘 팔리다 등의 말들이 부드럽게 섞여 있는 것을 주목하라) 이 진술은 최소한 "테크노크라트" 중 한 사람의 의식(그리고 무의식)을 표현하고 있다. 과연 그가 잠재적으로 혁명을 원하는 자일까?

2) 고도로 훈련받은 기술 인력 가운데 그러한 집단의 존재는 프랑스의 5-6월 혁명에서 모습을 드러내었다.

3) "직접 민주주의": 현대 대중 사회에서 민주주의는 그것이 어떤 형태를 띠든 간에 대의제를 빼고는 생각할 수 없다. 직접 민주주의는 모든 수준에서 자유로운 선택과 후보의 선출, 그리고 투표자의 판단을 통해 그것을 철회하는 것, 또한 검열 없는 교육과 정보를 보장할 것이다. 그러한 민주주의는 자율autonomy을 위한 평등하고 보편적인 교육을 전제로 한다.

4) 단어를 정반대 의미로 사용하는 놀라운 예가 『뉴욕 타임즈』 (1967년 9월 5일자)의 기사에 실려 있다. 거기엔 다음과 같은 내용이 담겨 있다.

지방 판사인 크리스트 서라핌은 오늘 오후 쾌적한 이스트 사

이드가(밀워키)에 자리한 자신의 스페인식 저택에서 금빛 리
트리버 사냥개인 홀리와 같이 앉아, 잔디밭 앞을 지나가는
1,000여 명의 시민 운동 시위자들에 대해 몇 가지 신랄한 의견
을 표명했다.

"저는 그들이 평화를 교란한다고 생각합니다. 그렇지 않은가
요?" 그는 오늘 행진하는 자들을 쳐다보면서 물었다. "그들은
시끄럽고 거칠어요. 안 그래요? 저는 집에서 평화와 고요함을
즐길 수가 없군요. 이렇게 돈을 많이 들인 내 집에서 말입니
다."

시위를 주도한 로마 가톨릭 교회의 백인 사제인 제임스 E. 그
로피에 대해 서라핌 판사는 다음과 같이 몰아세웠다. "그는 범
죄자예요. 선고를 받은 범죄자지요. 공무 집행 방해죄로 그는
두 번이나 유죄 선고를 받았어요."

마침내 시위대가 사라져 조용해졌다. 서라핌 판사는 한숨을
길게 내쉬고는 브랜다이스 대학의 총장인 애브럼 레온 새커가
쓴 "유태인의 역사"를 다시 읽기 시작했다. 하지만 곧 시위대
가 돌아왔다.

판사 서라핌은 그 책과 관련하여 말했다. "이 민족은 오븐 안
에서 구워졌지요. 하지만 그들은 끝까지 자신들의 존엄성을
주장했어요. 그들은 시위를 많이 하지 않았지요. 그들은 세상
에서 가장 법을 잘 준수하는 사람들입니다."

따라서 법과 질서의 요점은 이것이다: "많은 시위"를 하지 않
고 오븐 속에 들어가 구워지는 것이 법을 준수하는 것인 반면 저항
을 위해 투쟁하여 강제 수용소가 반복되는 것을 막는 것은 "평화

를 교란하는 것"이고 저항을 지도한 사제는 "범죄자"가 된다. 바로 이 전도된 의미가 판사 크리스트 서라핌의 이름으로 승리한다.

5) 우리는 말해진 언어에 최고권을 부여하는 문화를 부정한다. 부르주아 계급에 의해 다듬어진 이 언어는 이 계급의 소유물의 징표이다. 그러나 소수의 개인들의 것에 불과한 이 언어는 모두에게 가치 있는 의사소통의 유일한 양식으로서 부과된다… 이 언어는 의사소통의 유일한 수단이 아니다. 그것 역시 무엇보다 현실을 이해하는 하나의 양식이다. 그것은 그 특권적인 경제력 덕분에 사회적인 삶의 갈등과 모순들로부터 떨어져 나온 계급이 허용할 수 있는 모든 형식이자 지적 활동이다. (리옹의 대학연계기구 마쥐스킬르에서 발췌, 1968년 5월 29일. *Quelle Université? Quelle Societé?*, loc. cit., 45-46쪽.)

6) 이 사실과 그것이 함축하는 바를 인식하는 내용은 저명한 언론에서는 거의 찾아보기 힘들다. 1968년 10월 1일 『로스앤젤레스 타임즈』에 데이빗 브로더David S. Broder가 쓴 기사는 놀랄 만한 예외이다. 거기엔 다음과 같은 내용이 실려 있다.

의미와 내용을 단어들로부터 체계적으로 탈각시키는 것은 법조문으로 제지할 수 없는 파괴의 형태이다. 이 점에 대해 정치가들만이 죄를 짓는 것은 아니다. "비군사 지역"에서 벌어진 격렬한 전투, 혹은 "비폭력 시위"에서 폭행당한 사람들에 대한 보고를 듣는 것에 익숙해진 민중들은 이미 온전함을 상실해 가고 있는 사람들이다.

수사적인 과도함은 선거 운동의 한 부분으로 받아들여지지만 올해에는 후보자들이 예외적일 정도로 언어의 자원을 방탕하게 고갈시켰다. 예컨대 "법"과 "질서," 그리고 "평화"라는 말은 자유 국가에 사는 시민들의 용어로서는 기본적인 것이다. 하지만 감정이 과도하게 부과됨으로 인해 이들 어휘로부터 의미가 고갈되어 버렸다….

분명 자치에 대한 미국적인 실험은 몇몇 추상적인 개념이 잘 이해되고 있는 한 사회에서 시작되었을 것이다. 만약 그 개념들이 모든 사람들이 공유하고 있는 어휘가 아니라면 자치 체제는 시도되지 못했을 것이다.

제퍼슨이 다음과 같이 썼을 때 자신이 이해될 것이라고 여겼을 것이다. "우리는 이러한 진실을 자명하다고 주장한다: 모든 사람은 평등하게 탄생했다. 그리고 그들은 창조주에 의해 양도될 수 없는 권리들을 부여받았다. 그 권리는 무엇보다도 삶의 권리, 자유의 권리, 그리고 행복 추구의 권리이다."

하지만 이 진술에 담긴 개념들은 느껴질 수 없다. 그것들은 규정되어야 한다.

만약 이 어휘들이 자체의 의미를 잃는다면, 그리고 매체가 메시지를 압도해 버린다면 우리들의 정부 같은 체계는 더 이상 작동하지 않게 될 것이다.

7) *Alternatives*, University of California, San Diego, 1966년 가을(원본은 *Das Argument*의 독일어판, 36호, Berlin; 불어판은 *Les temps Modernes*, 1966년 1월)에 실린 「베트남의 미국인들The Americans in Vietnam」(저자 미상)을 보라.

4 연대성

기업 자본주의에 의해 조직된 사회에 대한 현재의 저항을 분석하는 앞의 시도는, 한편으로는 저항이 가진 급진적인 성격과 전체적인 성격의 대비적인 면모와, 다른 한편으로는 급진주의의 계급적 토대의 부재에 초점이 맞추어졌다. 이러한 상황에서는 기업 자본주의의 영역에서 일어나는 근본적인 변화에 대한 전망을 평가하는 것뿐만 아니라 추상적이고 학문적이며 비현실적인 성격을 논하는 데에도 노력을 기울여야 한다. 선진 자본주의 국가에서 혁명적인 변화의 역사적 행위자를 찾는 것은 사실상 의미가 없다. 혁명적인 힘은 변화의 과정 자체에서 등장한다. 잠재력을 현실적인 것으로 이행시키는 것은 정치적 실천의 작업이다. 또한 19세기와 20세기 초에 속하는 혁명의 개념에 방향지워진 정치적 실천은, 여전히 제3세계의 넓은 영역에서 유효하긴 하지만, 비판 이론이 그렇듯 거의 할 수 있는 것이 없다. 이 개념은, 혁명적 계급의 전위로서 행동하고 기본적인 사회 변화를 개시할 새로운 중앙 권력을 만들 혁명적 정당에 의해 지도되는, 대중적 대변동 과정에서 "권력 장악"을 고려한다. 강력한 마르크스주의 정당을 통해 착취당하는 대중들이 조직되는 산업 국가에서조차 전략은 이러한 개념에 의해 인도되지 않는다. "인민 전선"의 오랜 공산주의적인 정책이 그것을 말해 준다.

그리고 이 개념은 노동 계급의 통합이 구조적인 경제적-정치적 과정들(고생산성의 유지, 거대한 시장, 신식민주의, 행정화된 민주주의)의 결과로서 주어지는 곳과 대중 스스로가 보수주의와 안정화의 힘인 곳에서는 적용될 수 없다. 이 사회의 힘 자체가 급진적인 변화의 새로운 양식과 차원을 억누르고 있다.

오래 전부터 이 사회의 동력학은 자체의 자원, 자체의 시장 그리고 다른 지역과의 정상적 무역을 통해 성장할 수 있는 단계를 넘어섰다. 그것은 제국주의적 힘으로 성장하여 경제적, 기술적 침투력과 공공연한 군사적 개입을 통해 제3세계의 많은 부분을 종속시켰다. 그 정책은, 한편으로는 경제적 · 기술적인 획득물의 효과적인 사용과 다른 한편으로는 개입의 정치적 · 전략적 성격에 의해 이전 시기의 고전적인 제국주의와 구분되어진다. 공산주의와의 전 지구적인 싸움에서 요구되는 것들이 이윤을 남기는 투자에 요구되는 것들을 대신한다. 어쨌든 제국주의의 진화 때문에 제3세계에서의 발전은 제1세계의 동력학에 부속되고, 제3세계에서의 변화의 힘들은 제1세계와 무관하지 않은 것이 된다. "주변부의 프롤레타리아"는 기업 자본주의 영역 내부에 자리한 잠재적 변화의 기본적 요소이다. 이곳에서 혁명의 역사적 요소들이 동시적으로 발생한다. 주요하게 농업 프롤레타리아는 토착 지배 계급과 외국 중심부의 지배 계급에 의한 이중의 억압을 받는다. 하지만 그곳에 가난한 자들과 동맹을 맺고 투쟁을 선도할 자유주의적 부르주아지는 존재하지 않는다. 절망적인 물질적·정신적 궁핍 속에서 그들은 투쟁적인 지도력에 의존하게 된다. 도시 밖에 사는 대다수는 현존 사회를 위협할 일치된 경제적·정치적 행동을 취할 수 없기 때문에, 해방을 위한 투쟁은 주로 군사적인 것이 될 것이며, 지역 주민의 지원을 등에 업고 전통적인 진압 방식을 곤경에 빠뜨리는 지역적인 이점들을 이용하게 될 것이다. 이러한 환경이, 필연적으로 게릴라전으로 나아가게 만든다. 하지만 그것은 해방 세력들에게 커다란 기회인 동시에 끔찍한 위험이다. 현존하는 권력은 쿠바의 예가 반복되는 것을 허용하지 않을 것이다. 그들은 진압을 위해 훨씬 효과적인 수단과 무기를 동원할 것이다. 그리고 제국주의적 중심부로부터의 훨씬 더 적극적인 지원에 의해 토착 세력의 독재는 강화될 것이다. 이러한 죽음의 동맹과, 그 동맹을 전복하지 못하게 하는 억제책을 과소평가하는 것은 낭만적인 생각이다. 지금까지 민중 전체, 즉 한 국가 전체를 상대로 한 핵이나 유사 핵무기의 사용이 억제되어 온 것은, 지역적 특성이나 베트남의 남성과 여성들의 상상을 초월하는 저항, 그리고 "세계 여론" 등에 대한 고려 때문이 아니었다. 오히려 그것은 핵무기가 다시 사용되는 것에 대한 공포 때문이었다.

이러한 상황들 하에서 해방과 제3세계의 발전을 위한 전제 조건은 선진 자본주의 국가에서 등장해야 한다. 초강대국이 내부적으로 약해졌을 때만 궁극적으로 후진국에서의 억압을 위한 재정과 정비가 중단되어질 수 있다. 민족 해방 전선은 제국주의의 생명선을 위협한다. 그것은 변화의 물질적이고 이데올로기적인 촉매제이다. 쿠바 혁명과 베트콩은 자본주의적 팽창의 거대한 기술적·경제적 힘에 저항하고 그것을 지연시킬 수 있는 도덕성, 인간성, 의지, 그리고 신념을 가진 존재가 성취될 수 있다는 것을 보여 주었다. 초기 마르크스의 "사회주의적 인간주의" 이상으로, 이 같은 격렬한 방어적 연대성, 행동하는 기본적인 사회주의는 신좌파의 급진주의에 형식과 실체를 부여해 주었다. 이러한 이데올로기적인 관점에서도 주변부의 혁명은 자본주의 중심부에서의 저항에 있어 본질적인 부분이 된다. 하지만 주변부 혁명의 모범적인 힘과 이데올로기적인 역량은 중심부의 구조와 자본주의 체제의 응집력이 붕괴될 때 결실을 얻게 된다. 이 착취의 사슬은 그 가장 강한 고리에서 끊어져야 한다.

기업 자본주의는 경제 위기에 대해 면역이 되어 있지 않다. 경제에서 거대한 몫을 차지하는 "방위" 부문은 납세자에게 부담을 가중시킬 뿐 아니라 이윤을 감소시키는 주요 원인이 된다. 베트남 전쟁에 대해 저항이 커져 간다는 사실은 실업의 확대라는 위험에 노출되어 있는 경제가 전반적으로 변환될 필요가 있다는 것을 말해 준다. 이 실업은 자동화의 기술적 과정의 부산물이다. 중심부의 생산성을 보장해 주는 추가적인 판로의 "평화로운" 창출은 제3세계의 강화된 저항과, 그리고 소비에트 진영의 경쟁력에 맞부딪히게 된다. 그리하여 실업의 흡수와 충분한 이윤율의 유지는 이전에 없던 규모로 수요의 자극을 요구하게 되고, 그로 인해 낭비와 계획적 폐기, 기생적이고 어리석은 직업들과 서비스들을 증가시킴으로써 생존을 위한 경쟁적 투쟁이라는 쥐들의 경주를 활성화시킨다. 경제의 기생적인 부문이 커져감에 따라 추진력을 얻는, 높은 생활 기준은 임금에 대한 요구를 자본이 돌이킬 수 없는 지점까지 몰아가게 될 것이다. 그러나 기업 자본주의의 발전을 결정하는 구조적인 경향들은, 악화된 계급 투쟁이 조직적인 정치적 행동을 통해 사회주의 혁명을 달성한다는 가정을 정당화하는 것은 아니다. 분명히 가장 발전된 자본주의 복지 국가에도 계급 사회는 남아 있고, 따라서 계급적 이해利害의 갈등 상태도 남아 있다. 그러나 국가 권력이 분열되기 전에 체제의 기구들과 억압력은 계급 투쟁을 자본주의적 틀 내에 잡아둘 것이다. 경제적인 것이 급진적인 정치 투쟁으로 이행하는 것은 변화의 원인이라기보다는 그 결과일 것이다. 그때 변화 자체는 구조화되지도 조직화되지도 않은 일반적인 분열의 확산 과정에서 발생할 수 있을 것이다. 이러한 과정은, 정치적인 것에 대한 저항뿐 아니라 사회에 의해 부과된 정신적 억압에 대한 저항 역시 활성화시키는, 체제의 위기에 의해 고무되어질 것이다. 해방을 위한 가용 자원과 그것을 예속의 영속을 위해 사용하는 것 사이의 전례가 없는 소란스러운 모순을 표현하는 이 광기 어린 특성은 매일 매일의 틀에 박힌 생활을, 억압적인 타협을, 그리고 사회의 지속적인 기능에 요구되는 합리성을 훼손하게 될 것이다.

사회적 도덕성의 해체는 노동 규율의 붕괴, 조업 단축, 규범과 규칙에 대한 불복종의 확산, 본부의 통제에 따르지 않는 쟁의, 보이콧, 생산 방해, 이유 없는 불복종의 행동 등을 통해 표명된다. 억압의 체제 안에 세워진 폭력은 통제력을 상실하거나 아니면 전체주의적인 통제를 필요로 하게 될 것이다.

가장 전체주의적인 기술 관료적-정치적 행정부조차도 그것이 기능하기 위해서는 보통 "도덕적 기질"이라 불리는 것에 의존한다. 그것은 대다수의 기층민들이 가진, 자신들의 노동의 유용성에 대한 그리고 노동의 사회적 조직에 의해 요구된 억압의 필요성에 대한 (상대적으로) "긍정적인" 태도를 의미한다. 하나의 사회는 민중의 상대적으로 안정되고 예측 가능한 건전함에 의존한다. 이 건전함은, 사회적으로 조화를 이룬 균형 잡힌 몸과 마음의 기능으로 규정된다. 이것은 가게나 사무실에서 노동을 할 때는 물론 여가나 놀이를 할 때에도 마찬가지이다. 더욱이 사회는 상당한 정도로 자신의 신념을 믿을 것 또한 요구한다. (이것은 요구되는 건전함의 일부이다.) 즉 사회적 가치들이 지닌 조작적 가치에 대한 신념 말이다. 조작주의Operationalism는 사실상 그것에 대해 우리가 소망과 공포를 갖는, 응집력으로서의 불가결한 보충물이다.

이제 이러한 도덕적 기질과 조작적 가치들(이것은 관념

적으로 만들어낸 유효성과는 거리가 멀다)의 힘은 사회 내부에서 점점 커져 가는 모순의 충격 아래에서 점차 사라져 가는 것처럼 보인다. 그 결과는 불만족과 정신적 질병뿐만 아니라 비효율성과 노동에 대한 저항, 작업 거부, 태만, 무관심 등을 만연시킬 것이다. 이러한 비기능dysfunction의 요소들은 고도로 집중되고 통합된 기구apparatus들을 타격하고 거기에서 한 지점의 와해는 전체의 광범위한 부문들에 쉽게 영향을 미친다. 분명히 이것들은 주관적인 요소들이지만, 전 지구적인 차원에서 체제가 노출되는 객관적인 경제적·정치적 긴장과 결합하면 물질적인 힘이 될 것이다. 그렇게 되면, 또 그렇게 되어질 때에만 투쟁을 지향하는 데 요구되는 새로운 형태의 조직화에 필요한 대중적 기반을 제공할 정치적 풍토가 우세해질 것이다.

우리는 제국주의 사회의 안정성을 위협하는 경향들을 지적했고 제3세계의 해방 운동이 그 사회의 장래의 발전에 미치는 영향의 정도를 강조했다. 이것은 구사회주의 사회인 소비에트 진영과의 "평화 공존"이라는 동력학으로부터 상당한 정도로 영향을 받는다. 중요한 국면에서 이 공존은 자본주의의 안정화에 공헌해 왔다. 즉 "세계 공산주의"란 없더라도 만들어 냈어야 할 적이었다. 그 무력 때문에 "방위 경제"와 국가의 이익에 따른 민중들의 동원이 정당화되는 적 말이다. 더욱이 전체 자본주의의 공동의 적으로서 공산주의는 자본주의 내부의 차이와 갈등을 무화시키는 공동 이익의 조직화를 증진한다. 그리고 마지막 이유지만 사소하지 않은 이유가 있다. 선진 자본주의 내부의 저항은 억압적인 스탈린주의적 사회주의의 발전에 의해 심각하게 약화되어 왔다. 그리고 스탈린주의적 사회주의의 발전은, 사회주의가 반드시 자본주의의 매력적인 대안만은 아니라고 생각하게 만들었다.

최근에 벌어진 공산주의 진영의 통일성의 파열, 쿠바 혁명의 승리, 베트남, 그리고 중국의 "문화 혁명"은 이러한 사태에 변화를 가져왔다. 하지만 스탈린적 관료화와 사회주의 세력의 등장에 대한 제국주의적 응답으로서의 핵전쟁의 위협 없이, 진정으로 대중적인 기반 위에 사회주의를 건설할 가능성은 소련과 미국 사이에 얼마간의 공동 이익을 이끌어 왔다.

어떤 의미에서, 사실상 이것은 "갖지 못한 자"에 대한 "가진 자"의, 새것에 대한 옛것의 이익을 대변하는 공동체이다. 소련의 "협조" 정책은, 소련이 그 기본적인 제도(사유 재산 소유의 폐지와 생산 수단의 통제, 즉 계획 경제)만으로 자유로운 사회로 이행할 수 있는 능력을 가지고 있다는 전망을 현저히 감소시키는 힘의 정치를 추구하고 있다는 것을 의미한다. 그럼에도 불구하고 제국주의적인 팽창의 동력학 때문에 소련은 그 반대쪽 진영에 위치지워진다. 소련의 도움이 없었다면 베트남에서의 효과적인 저항이나 쿠바의 방어가 가능하지 않았다는 식으로 말이다.

하지만 최소한 현재로서는 자본주의와 소비에트 사회주

의 간의 갈등보다는 일치된 이익이 더 우세하다는 양 진영의
부조리한 접근을 거부하는 한, 착취로부터 해방된 희생자들
간의 진정한 연대와 지도력을 발전시키고 창출함으로써 사
회주의를 건설하려는 새로운 역사적 노력과 소비에트 사회
주의 간의 기본적인 차이를 무시할 수 없다. 현실은 이상으
로부터 현저히 벗어나 있지만, 한 세대 전체에 걸쳐 "자유,"
"사회주의," 그리고 "해방"이 피델, 체, 게릴라로부터 분리될
수 없다는 사실은 남는다. 그것은 그들의 혁명적인 투쟁이
자본주의 중심에서의 투쟁에 모델을 제공했기 때문이 아니
라 그들이 인간적인 삶, 즉 새로운 삶을 위해 남성과 여성들
이 치르는 매일 매일의 투쟁 속에서 그러한 이상들의 진실을
되찾았기 때문이다.

그것은 어떤 종류의 삶인가? 우리는 여전히 "구체적인 대
안"에 대해 진술해야 한다는 요구에 직면해 있다. 하지만 그
것이 새로운 사회의 것이 될 특정한 제도와 관계에 대한 요
구라면 의미를 상실하고 만다. 그것들은 선험적으로 결정되
어질 수 없다. 그것은 새로운 사회의 발전에 따라 시행착오
를 거쳐 발전되어야 한다. 만약 우리가 오늘날 대안에 대한
구체적인 개념에 모양을 부여할 수 있다면 그것은 대안의 개
념이 아닐 것이다. 새로운 사회의 가능성은 충분히 "추상적"
이다. 즉 기존 세계의 용어로 자신들을 정체화시키려는 어떤
시도도 허용하지 않도록 기존 세계로부터 제거되었으며 기
존 세계와 일치되지 않는다. 하지만 오늘날의 문제는 낡은

것의 파괴이고 새로운 것의 등장에 길을 열어 주는 힘들이라는 말만으로 질문이 가볍게 처리될 수 있는 것은 아니다. 그런 답변은 낡은 것이 단순히 나쁜 것만이 아니라 좋은 것들을 전해 주는 것이기도 하며 민중들은 그것에 진정한 이해 관계를 가지고 있다는 본질적인 사실들을 소홀히 한다. 그보다 훨씬 나쁜 사회가 존재할 수 있으며, 오늘날 그런 사회는 실제로 존재한다. 기업 자본주의의 대체물을 만들기 위해 일하는 자들은 자신들의 행동을 정당화해야 한다고 기업 자본주의 체제가 주장하는 것에는 일리가 있다.

그러나 구체적인 대안에 대한 진술을 요구하는 것은 다른 이유에서도 정당하다. 부정적 사유는 자신의 경험적인 토대로부터 취할 수 있는 모든 힘들을 끌어낸다. 주어진 사회에서의 실제적인 인간 조건으로부터, 그리고 이러한 조건을 초월할 수 있는, 또한 자유의 왕국을 확장할 수 있는 "주어진" 가능성으로부터 말이다. 이러한 의미에서, 부정적인 사유는 자신에 고유한 내적인 개념들 덕분에 "긍정적"이다. 현실 속에 "봉쇄되어 있는" 미래를 지향하고 파악한다는 점에서 말이다. 이러한 봉쇄(이것은 기존 사회들에 의해 수행된 일반적인 봉쇄 정책의 중요한 모습이다) 속에서, 미래는 실현 가능한 해방으로 나타난다. 하지만 대안만이 존재하는 것은 아니다. 핵에 의한 파멸을 내재하고 있든 아니든 간에 "문명화된" 야만주의의 장기간에 걸친 도래 역시 현재에 봉쇄되어 있다. 부정적 사유와 그것에 의해 인도되는 실천은 긍정적인 것이며 이 완전한 부정성을 예방하기 위해 단호한 노력을 기울인다.

해방의 근원적이고 일차적인 제도의 개념은 충분히 친근하고도 구체적이다. 집단적 소유, 생산 수단과 분배에 대한 집단적인 통제와 계획이 그것이다. 이것은 대안에 대한 필요 조건이지 충분 조건은 아닌 기초이다. 이것은 모든 가용 자원을 빈곤의 폐지를 위해 사용하는 것을 가능하게 만드는, 양을 질로 전화시키기 위한 선행 조건이다. 그 질은 새로운 감성과 새로운 의식에 합당한 현실의 창조라는 질이다. 이러한 목표는 자유 없는 사회와 그 요구 유형의 영속화(혹은 도입)를 재구성하는 정책의 거부를 함축한다. 그런 잘못된 정책은 아마도 "선진 자본주의의 생산 수준을 따라잡거나 넘겨받는다"는 공식으로 요약될 수 있을 것이다. 이 공식의 오류는 물질적 조건의 급속한 발전에서가 아니라 그 발전을 인도하는 모델에서 찾아볼 수 있다. 이 모델은 대안, 즉 질적인 차이를 부정한다. 이러한 차이는 자본주의적 생산성에 가능한 한 빠르게 도달한 결과가 아니며 또 그렇게 될 수도 없다. 오히려 그것은 새로운 양식의 발전이며 생산의 종말일 것이다. 그것의 "새로움"은 기술 혁신과 생산 관계의 관점에서만이 아니라(혹은 이것과는 전혀 관계가 없다) 상이한 인간의 욕구와 이러한 욕구를 만족시키기 위해 일하는 상이한 인간 관계의 관점에서 그러한 것이다. 이러한 새로운 관계들은 "생물학적" 연대성의 결과일 것이다. 또한 이것은 사회와 개인의 욕구와 목적 간의, 또한 인지된 필연성과 자유의 발전 간의 진정한 조화를 통해 표현될 것이다. 그것은 선진 자본주의 (또한 사회주의?) 국가에서 조직된, 행정화되고 강요된 조화와 정반대이다. 젊은 급진주의자들이 쿠바와 게릴라, 그리고 중국의 문화 혁명에서 본 것은 원초적이고 본능적이며 창조적인 힘으로서의 이러한 연대성의 이미지였다.

　　연대성과 협업의 모든 형태가 해방적인 것은 아니다. 파시즘과 군국주의 역시 끔찍하게 효과적인 연대성을 키워 왔다. 사회주의적 연대성은 자율적이다. 자기 결정은 스스럼없는 상태에서at home 시작된다. 그런 후 그것은 모든 "나" 그리고 내가 선택한 "우리"와 함께한다. 결과는 그 결과에 도달하기 위한 수단 속에서 모습을 드러낼 것이다. 즉 현존하는 사회 내에서 새로운 사회를 위해 일하는 사람들이 취하는 전략 속에서 말이다. 사회주의적 생산 관계가 삶의 새로운 방식, 삶의 새로운 형태가 되어야 한다면 그들의 실존적 질이 그것의 실현을 위한 투쟁 속에서 예견되고 증명됨으로써 입증되어야 한다. 모든 형태의 착취는 이 싸움을 통해 사라져야 한다. 투쟁하는 자들 사이의 노동 관계는 물론 그들의 개인적 관계로부터도 말이다. 서로에 대한 이해와 부드러움, 악과 허위, 억압의 유산이 무엇인지에 대한 본능적인 의식은 저항의 진정성을 검증하게 될 것이다. 간단히 말해, 계급 없는 사회의 경제, 정치, 그리고 문화적인 특성이 그것을 위해 싸우는 사람들의 기본적인 욕구가 되어야만 한다. 이러한 미래의 현재로의 진입, 저항의 심오한 차원은 우리의 마지막 분석에서 나타난 바와 같이 전통적인 형태의 정치 투쟁과는 양립할 수 없다. 새로운 급진주의는, 중앙화된 관료주의적 공산주의는 물론 사이비 민주주의의 자유주의적 조직과도 투쟁한다. 이러한 저항에는 자발성, 나아가 아나키즘의 강력한 요소가 존재한다. 이것은 새로운 감성, 즉 지배에 반反하는 감성의 표현이다. 또한 그것은 자유의 즐거움과 자유로워지는 것에 대한 욕구가 해방에 선행한다는 느낌이자 인식이다. 따라서 이전의 기존 지도자들, 그리고 모든 종류의 기관원에 대한 혐오가 생겨난다. 그들이 좌파이고 아니고를 떠나서 말이다. 그것은 고도의 자율성과 유동성mobility, 그리고 유연성을 가진, 넓게 퍼져 있는 작은 집단에서 생겨나는 최초의 변화들이다.

분명히, 억압된 사회의 내부에서, 그리고 그것의 편재된 기구에 대항하여, 자발성 자체가 급진적이고 혁명적인 힘이될 수는 없다. 그것은 계몽과 교육, 그리고 정치적 실천의 결과로서 주어질 때에만 그러한 힘이 될 수 있다. 사실상 이러한 의미에서 그것은 조직화의 결과이다. 아나키적인 요소는 지배에 저항하는 투쟁의 본질적 요소의 하나이다. 예비적인 정치적 실천을 통해 보존되고 훈련되는 가운데 아나키적인 요소는 투쟁의 목표들 속에서 자기 틀에서 벗어나 지양되어질 것이다. 최초의 혁명적인 제도의 건설을 위해 속박을 벗어난 반억압적 감성은 지배에 알레르기 반응을 보이면서 "첫

번째 국면," 즉 생산력의 권위주의적인 관료주의적 발전의 연장에 저항하는 투쟁을 한다. 그때 새로운 사회는 빈곤이 폐지될 수 있는 단계에 상대적으로 빨리 도달할 수 있을 것이다(이 단계는 외설스러운 풍요함과 쓰레기에 맞추어져 있는 선진 자본주의의 생산력 단계보다 현저히 낮을 수도 있다). 그런 후 발전은 심미적인 문화를 향할 수 있게 될 것이며, 이 문화는 동유럽 사회주의 사회의 회색빛 단조로움의 문화와 확연한 대조를 이룰 것이다. 생산은 실행 원리Performance Principle의 어떤 합리성과도 무관하게 방향이 재부여될 것이다. 사회적 필요 노동은 억압적인 환경이 아닌 미학적인 환경의 건설을 위해 전환되어질 것이다. 즉 고속도로나 주차장보다는 공원과 정원을 위해, 집단적인 만족과 값싼 긴장 풀기보다는 휴식의 공간의 창출을 위해 전환되어져야 한다. 이윤과 실행 원리에 의해 지배되는 어떤 사회와도 양립할 수 없는 이런 사회적 필요 노동(시간)의 재분배는 점진적으로 사회의 모든 영역을 변화시킬 것이다. 이것은 현실 원리의 한 형태로서 미학 원리가 상승한다는 것을 의미한다. 즉 산업 문명의 성과에 기초한 수용의 문화가 그것의 자기 추동적 생산성에 종말을 가져올 것이다.

그것은 문명의 이전 단계로의 퇴행이 아닌 인류의 실제적 삶에 있어 상상적인 잃어버린 시간*temps perdu*으로 되돌아가는 것이다. 즉 그것은 무엇을 위해, 또 누구를 위해 사회가 조직되어야 하는가를 깨달은 문명 단계로의 발전이다. 또한 그 단계는 거대한 규모로 치러내던 끝없는 생존 투쟁을 되돌아보고 어쩌면 중단시킬 단계이다. 또한 수세기에 걸친 불행과 대학살을 통해 성취된 것이 무엇인가를 조사하고 그 것으로 충분하다는 점을 깨닫고 지금은 가진 것과 재생산할 수 있는 것, 그리고 최소한의 소외된 노동을 통해 정제시킬 수 있는 것을 즐길 시기라고 결정해야 한다. 그것은 기술적 발전의 중단이나 축소가 아니라 인간을 기구에 종속시키는, 또한 생존을 위한 투쟁 — 판매해야 할 상품을 더 많이 얻기 위해 더욱 열심히 일하는 생존 투쟁말이다 — 을 강화시키는 특성을 가진 기술의 제거를 의미한다. 다른 말로 하면 전력 화처럼 삶을 편하게 하고 보호하는 모든 기술적 장치들, 인 간의 힘과 시간을 자유롭게 해주는 모든 기계화, 그리고 착 취를 증가시키는 장치와 부속을 배가하는 대신 그럴 듯하기 만 할 뿐 기생적이기만 한 "개인화된" 서비스를 사라지게 만 드는 모든 표준화 작업이 존재해야 한다. 착취를 증가시키는 장치와 부속을 배가한다는 의미에서(오로지 이러한 의미에 서), 이것은 분명 퇴행일 것이다. 그러나 인간에 대한 상품의 지배로부터의 자유는 자유의 선행 조건이다.

자유로운 사회의 건설은 노동에 대한 새로운 자극을 창 출하게 될 것이다. 착취 사회에서, 소위 노동 본능이라는 것 은 주로 (다소간 효과적으로) 생계를 위해 생산적으로 행동 하도록 투사된 필요성이다. 그러나 삶의 본능 자체는 삶의 통합과 고양을 위해 노력한다. 비억압적인 승화에서 그것은 리비도적 에너지를, 쾌락 원리에 대한 착취적 억압을 더 이상 요구하지 않는 현실의 발전을 위해 노동하는 데 제공한다. 그렇게 되면 그 "자극"은 인간의 본능적 구조 속에 세워지게 될 것이다. 생물학적 반응으로서 그들의 감성은 추한 것과 아름다운 것, 고요한 것과 시끄러운 것, 부드러운 것과 난폭한 것, 지적인 것과 바보 같은 것, 기쁨과 향락의 차이를 등재하게 될 것이다. 프로이트의 마지막 이론적 개념에서 에로스적인 본능은 노동 본능으로 인식되고 있다. 즉 감각적인 환경의 창조를 위한 노동으로서 말이다. 해방된 노동 본능의 사회적 표현은 협업이다. 협업은 연대성에 기반을 두고 필연의 왕국의 조직화와 자유의 왕국의 발전을 지향한다. 그렇게 되면 선한 의지를 가진 수많은 사람들의 마음을 난처하게 만드는 다음과 같은 질문에 대한 답이 주어질 것이다. 자유로운 사회에서 인간은 무엇을 하게 될 것인가? 나의 생각으로는 한 흑인 소녀가 그에 대해 정곡을 찌르는 답을 제시하고 있다. 그녀는 다음과 같이 말했다. "우리 삶에서 처음으로, 우리는 우리가 무엇을 할 것인지에 대해 자유롭게 사고하게 될 것이다."

옮긴이의 글

이 책이 처음 출간된 것은 1969년이지만 서문에서 밝히고 있듯이 마르쿠제는 유럽의 68년 학생 운동이 일어나기 얼마 전에 이 책을 저술했다. 이 책을 이해하기 위해 우리는 68년 학생 운동, 미국의 베트남 반전 시위, 미·소간의 냉전, 제3세계에서 광범위하게 벌어졌던 민족 해방 운동 등 당시를 규정했던 정치적 상황은 물론 그 시대를 문화적으로 지배했던 히피 문화나 소울 뮤직, 재즈 조금 더 올라가서는 초현실주의 등의 예술 조류 등을 떠올려볼 필요가 있다. 하지만 이 책이 갖는 의미가 60년대 말 70년대 초의 시대적 상황에 국한된다면 우리가 이 책을 통해 얻는 것은 대단히 적을 수 있다. 독자들도 알다시피 지난 30년간 실로 많은 변화가 명시적인 형태로 우리에게 다가왔다. 더 이상 미·소간의 냉전은 존재

하지 않으며, 급진적인 저항은 제1세계는 물론 제3세계에서
조차 급격히 퇴조했으며, 저항의 단초를 마련하리라 생각했
던 여러 문화적 형태들은 미디어의 발달과 함께 자본의 논리
에 한층 더 종속된 것으로 보인다. 하지만 그러한 약점에도
불구하고 이 책은 여전히 무시할 수 없는 가치를 가지고 있
다. 마르쿠제가 분석한 풍요 소비 사회는 이제 제1세계의 틀
을 벗어나 제3세계인의 삶에 대해서도 일정한 지배력을 갖
는 형태로 확장되었기 때문이다.

> 자동차가 억압적인 것도, 텔레비전 수상기가 억압적인 것
> 도, 가정용 용구가 억압적인 것도 아니다. 그러나 이윤을
> 남기는 교환에 입각해 생산된 자동차와 텔레비전과 가정
> 용 용구는 대중의 현존재, 즉 대중의 자기 "실현"의 한 부
> 분이 되었다. 그리하여 대중은 자신의 현존재의 일부분을 시
> 장에서 구입한다. 즉 이 현존재는 자본의 실현이다. (p. 27)

이 말은 미국이나 유럽은 물론 한국, 중국, 러시아, 동유
럽, 베트남, 아프리카, 남미 등에서 오늘날 대중들이 이른바
"정상적"이라고 여기는 삶을 여전히 잘 설명해 주고 있다. 다
시 말해 자본이 실현되는 형태가 개인에게 자아의 실현으로
주어지는 현상은 지난 30년간 더욱 강화되어 오늘날 전지구
적으로 대단히 분명하게 확인할 수 있는 것이 된 것 같다. 전
근대적인 가치와 대결을 벌이던 자본의 논리는 오늘날에 와

서는 그 이데올로기적 장애를 극복하고 개인의 가장 내면적
인 욕구의 지위를 점한 것처럼 보인다. 전근대적 가치와 투
쟁하는 많은 제3세계 국가들이나 억압적 이데올로기에 환멸
을 느낀 구사회주의권에서 이 같은 자본의 논리는 보통 자유
의 논리로 받아들여진다. 분명 거기엔 단정하거나 구분하기
힘든 개인의 자유의 문제가 담겨져 있다. 그러나 근본적인
의미에서 그것은 시장에서의 자유이다. 자유가, 점점 입맛이
까다로워지는 미식가가 고를 수 있는 레스토랑의 수의 증가
를 의미하는 한에서 우리는 이러한 자유에 의문을 제기해야
한다. 입맛은 존재를 대체할 수 있는 것이 아니기 때문이다.

> 현존 체제의 기득권은 피착취자의 본능적 구조에서 양육
> 되고, 억압의 지속은 단절(…)되지 않는다. 그 결과 현존
> 사회를 자유로운 사회로 이행시킬 급진적인 변화는 마르
> 크스주의 이론에서는 거의 다루어지지 않은 인간 존재의
> 차원에까지 이르게 된다. 즉 인간이 가진 생의 필수적인
> 욕구과 만족이 모습을 드러내는 "생물학적" 차원으로까지
> 말이다. (p. 32)

따라서 사회에 의해 부과된 이러한 본능의 구조를 변화
시키기 전에는 "새로운 사회" 역시 불가능하다고 마르쿠제
는 주장한다. 독자들은 이 부분에서 마르쿠제가 고전적인 마
르크스주의와 문제 의식을 어떻게 달리하는지 보게 될 것이

다. 더불어 이 책에서 우리는 마르쿠제가 마르크스, 프로이트, 칸트, 헤겔 등을 어떻게 다루는지 보게 될 것이다. 아카데미즘의 지나친 엄격함에 매몰되어 길을 잃어버리는 일종의 학문적 결벽주의와 소심증이 앞서 말한 풍요 소비 사회의 한편에서 전문화라는 이름으로 학문적 미각을 만족시키기 위해 이루어지는 대학의 굳어진 논리와도 일정 정도 연결되어 있다면 우리는 위대한 사상을 다시금 간단하고 자명한 형태로 재해석하여 제시하는 그의 미덕으로부터 자극받을 수 있을 것이다. 또한 오늘날 서유럽에서 68년 이후 일정하게 구성된 시민 윤리가 단순하게 제도적인 혹은 시스템의 문제로만 환원될 수 없는 내재적인 힘을 가지고 있는가의 문제에 대해서도 새로이 검토해 볼 수 있을 것이다.

논리적logical이라기보다는 묘사적인descriptiv 방식으로 일단 설득력을 확보한 후 맥락을 이어가는 그의 서술 방식은 옮긴이의 생각으로는 헤겔주의적이자 매우 독일적인 것이었다. 덕분에 매우 길어진 그의 문장을 잘라내어 다시금 호흡을 유지시키는 것이 번역 과정에서 만난 주요한 애로 사항의 하나였다. 물론 가능한 한 문장을 그대로 유지시키고자 노력했음을 밝히고 싶다. 먼저 이 책의 중요성을 일깨워 주고 번역을 권해 준 이종영 선배께 감사드린다. 또한 독일에서 이 초역 원고를 읽고 토론해 준 박시찬 학형에게도 이 자리를 빌어 감사의 말을 전한다. 마지막으로 이 책의 출간을 가능하게 해주신 강동호 사장님께 깊은 감사의 말씀을 드린다.

끝으로 이 책은 헤르베르트 마르쿠제Herbert Marcuse (1898-1979)의 책 *An Essay on Liberation* (Beacon Press, Boston, 1969)을 완역한 것이다. 번역 과정에서 독역본인 *Versuch über Befreiung* (in Gesammelte Werke Bd. 9, Suhrkamp, Frankfurt/ Main, 1987)을 참고했음을 밝혀둔다.

독일 브레멘에서
김택